天使在人间

奥黛丽·赫本——儿子对她的记述

[美] 肖恩·赫本·费勒◎著

柳墨◎译

湖南文艺出版社　　博集天卷

图书在版编目（CIP）数据

天使在人间 / (美) 费勒 (Ferrer,S.H.) 著；柳墨译.
-- 长沙：湖南文艺出版社，2014.4
书名原文：Audrey Hepburn, an elegant spirit
ISBN 978-7-5404-6495-0

Ⅰ.①天… Ⅱ.①费… ②柳… Ⅲ.①赫本，
A.（1929～1993）–传记 Ⅳ.①K837.125.78

中国版本图书馆CIP数据核字(2013)第272729号

著作权合同登记号：18-2013-492

上架建议：传记◎画册

天使在人间

著　　者：［美］肖恩·赫本·费勒
译　　者：柳　墨
出 版 人：刘清华
责任编辑：薛　健　　刘诗哲
监　　制：于向勇
策划编辑：郭　群
营销编辑：吴建荣
版权支持：辛　艳　　王秀荣
封面设计：张丽娜
版式设计：利　锐
出版发行：湖南文艺出版社
　　　　　（长沙市雨花区东二环一段508号 邮编：410014）
网　　址：www.hnwy.net
印　　刷：北京缤索印刷有限公司
经　　销：新华书店
开　　本：787mm×1092mm　1/16
字　　数：237千字
印　　张：18.5
版　　次：2014年4月第1版
印　　次：2014年4月第1次印刷
书　　号：ISBN 978-7-5404-6495-0
定　　价：50.00元
（若有质量问题，请致电质量监督电话：010-84409925）

致　谢

首先感谢科克，他是第一个鼓励我出这本书的人。

艾伦·内文斯，我的代理人，对于像我这样第一次出书的人，你的支持和指导作用实在太大了（是非常有价值的），也要感谢明迪·斯通，为我提供了正确而有效的帮助。

感谢我的编辑，心房图书的资深编辑米切尔·勒维斯，你是第一个把这一切变为现实的人，这个书稿我足足延期了三年的时间才交到你的编辑助理约书亚·马蒂诺手上，而你的耐心比你的眼界、感悟以及才智更加超群。

感谢朱迪斯·科尔，心房图书和华盛顿广场出版社的执行副总裁兼发行人，还有凯伦·曼德，心房图书和华盛顿广场出版社的副总裁兼副社长，以及心房传媒的希尔·巴伦杰和路易斯·布雷弗曼。

感谢琳达·丁格勒、范思恩·凡、琳达·罗伯茨、琳达·埃文斯、德纳·斯隆，还有达维纳·马克，感谢你们的制作和设计；另外还要感谢朱利安·派普罗所设计的精美封面和合理的布局。

感谢杰西卡·Z.戴梦得，我的视觉顾问兼图片管理者，你的细心和品位为这本书的美观和经典做出了极大的贡献；艾伦·欧文，奥黛丽·赫本儿童基金会的执行理事，感谢你对我的支持；感谢我的合作伙伴兼法律顾问保罗·阿尔伯格迪、凯若琳·布洛克索姆以及罗尼，感谢你们对我的支持。

感谢所有拍摄这些照片的摄影师，你们运用自己纯熟的艺术手法和天分，给我的母亲留下了永久的影像，这些照片资料对于我的家庭而言无疑是一笔宝贵的财富，我们将世代予以珍藏并留传下去；你们用镜头所捕捉到的这些令人难忘的画面，是摄影师们的遗产，同样也是我母亲遗产的一部分。

以下以字母顺序列出摄影师们的作品、代理权以及监管者，鉴于这些图片对这本书起到的至关重要的作用，这部分会在首要位置出现。大家对基金会慷慨解囊，我在此深表感谢。

联合艺术家影业公司，理查德·埃夫登，罗恩·艾弗里/mptv.com，斯蒂芬妮·贝灵格/相机新闻，史蒂夫·贝洛，丽娜·贝伊，亚历山德罗·卡尼斯朱丽/记者协会，伊丽莎白·卡塔拉诺，哥伦比亚大学口述历史项目，豪厄尔·科南特 Ⅱ，菲奥娜·考恩/诺尔曼·帕金森有限公司，休·戴里/苏富比拍卖公司，福尔克·德·朱维内尔/科莱特房地产，安德烈·登茨勒，维特·乔凡尼，梅尔·费勒，福托·洛基公司费伦泽，戴维·格林，蒂娜·卡里科尔/考比斯，艾琳·哈尔斯曼，伊冯·哈尔斯曼，杰里米·哈特利，赫斯特集团，马塞尔·艾米莎德，约翰·艾萨克，尤瑟夫·卡什女士，莎莉·里奇/得克萨斯大学奥斯汀分校表演艺术收藏中心，凯特·李连泰，卡门·马西/马西图片，史蒂文·迈泽尔，鲁比·梅拉，詹姆斯·

2

幕法特/A+C选集，利·蒙特维尔/康泰纳仕出版公司，艾伦·奥尼茨，派拉蒙电影公司，欧文·佩恩，贝蒂出版社，斯蒂凡娅·瑞奇/萨尔瓦托雷·菲拉格慕，文森特·罗塞尔，安德烈·施密特/科莱特房地产，拉里·肖恩/肖恩家族档案，马丁·辛格/欧文·拉萨信托，凯文·史密斯/飞溅新闻，布鲁斯·斯泰普尔顿/海报公司，伯特·斯特恩，诺玛·史蒂文斯，迈克尔·斯蒂尔/康泰纳仕出版公司，约翰·斯沃普信托，二十世纪福克斯公司，联合国儿童基金会图片库，联合国图片库，环球影片公司，康妮·沃尔德，华纳兄弟电影公司，鲍勃·威洛比，罗伯特·沃尔德斯。

所有用心读过这本书并为此流过眼泪的人，都证明了我做这件事是正确的。

我的妻子，乔凡娜，还有我的孩子，艾玛和格雷戈里奥，他们是我生命的全部，而我则属于我的父亲和母亲。

感谢各位。

母亲坚信：

爱能治愈任何伤口，而且会让生命变得更美好，她做到了用爱去对待世界，同时也得到了世界对她的爱。

——肖恩·赫本·费勒

目 录
CONTENTS

天使在人间
AUDREY HEPBURN:
AN ELEGANT SPIRIT

左页："葡萄园（La Vigna）"，罗马城外，1955年。菲利普·哈尔斯曼（Philippe Halsman）拍摄

心底的秘密

奥黛丽·凯瑟琳·赫本 – 鲁斯顿离开我们已经将近9年了，我一直在斟酌如何写这篇序言。我应该说，她就是我的母亲。1993年1月21日，也就是她去世后的第二天，我就开始构思写这本小册子。然而，大约4年之后我才在纸上写下第一个字。

真正的写作大概只用了几个月的时间，而绝大多数时间都花在了前期准备工作上。每个人总有一天会失去父母，只是时间早晚的问题。现在我非常肯定的是，所有人在这种悲痛的心情下都可以写出一本书。于我而言，这是我迄今为止写的唯一一本书。伴随着写作的进行，时间在一点一滴地流逝，你会经历很多与作者身份无关的麻烦。你知道，这一切的发生不是因为你自己，而是因为在这个世界上远远超出你的那个人。对我来说，她是最疼爱我，把我带到这个世界上，并且在千钧一发之时一次次挽救我的那个人。然而她也是我无以为报且最终不得不放手的人。因此，我发现我在不断翻弄这几句话，它们像躺在我的故事长河里的鹅卵石一样，我这样做的目的就是希望这些光滑的石头能够配得上你宝贵的时间和她纯净的灵魂。我想让你知道什么才是真正重要的，事实上从某种程度上说不会有什么事情能够在她平静的内心激起涟漪。

有这样一个理论，说身体器官决定了我们的预期寿命。比如说肺，是最脆弱也是最有用的，同时也是使用寿命最短的器官：大概60年。大脑，我们最多也就用了10%，是人体器官中利用率最低、担负的责任却最重大的器官，预计寿命大概150年。在写这本书的过程中，我发现了一些全新和

令人激动的事情。

我的记忆将会比所有器官活得更长久。

在我死后，并且脑死亡之后，当然，我说的是很久以后（这就是我打算要么火葬要么土葬的原因），我会记得母亲的一切以及与她相关的事情。我闭上眼睛回忆，通过鼻子感知她的气味：轻柔的、优雅的、可靠的、坚强的、无限的爱的气息。我低下头，看见她纤弱的双手，她的面容如此消瘦以至于我能依稀看见她的静脉血管，还有她的指甲，一切都是那样的温柔、干净。这是那双曾经抱着我，背着我，跟我说话的手。这双手曾经无数次地爱抚过我，曾经牵着我的手送我去学校，也曾经在我受到惊吓的时候紧紧地搂着我。哦，我是多么怀念这双手啊！甚至在我睡着的时候还能感受到她的五指一次次轻柔地穿过我的头发。

发生了什么事呢？我的脑子还在运转。我母亲不是奥黛丽·赫本吗？她1993年就去世了啊，怎么还……她无处不在：她在电视里、在音像店里、在杂志里、在书店里，她在机场以及高速公路边的巨幅广告牌上、在市中心公交车站的遮挡板上，她会出现在我与每个遇到的人的交谈中，她会出现在我的工作中以及我的意识里，特别是自从我打算写这本书以后，她甚至有时会出现在我的梦境里。

闲谈往往言过其实。她体重110磅（约50公斤），身高5.7英尺（约1.74米）。

我们拥有的一切关于她的记忆都是美好的，这是一件多么幸运的事。记忆里她的温和高贵依然清晰可见，让人感觉像一个充满了阳光的空房间一样舒适。记忆中，她时而坚强，时而温婉，是明朗和伤感的完美结合。甜美如伊，忧郁如伊。

我曾经非常纠结，书里面透露这么多关于母亲的事，到底对还是不对。9年过去了，我的内心终于可以释怀了。现在我可以毫无愧疚地向你讲述关于她的故事，因为我这样做对其他人也许是有帮助的。

我母亲有一个秘密。

我想她不会介意我把这个秘密公之于众。让我们睁大眼睛看清楚，这可是一个天大的秘密。

她很忧郁。

并非命运乖戾而让她感到沮丧，生活是艰难的但也是美好的，母亲的忧郁源于她童年时这个世界留给她的印象。我想我们都会给她带来或多或少的伤感，无论你还是我。这并不是因为我们糟糕到要去伤害她，而是面对她的忧郁，我们都无能为力。如果她晚年的时候没有为UNICEF（联合国儿童基金会）工作的话，我还不敢这么肯定这个事实。我现在也一直在为孩子们做些力所能及的事，事实上我也很忧郁。所以，这本书也会写一些关于忧郁以及儿童的内容。这不是一个多了不起的结合，而是这样你就会明白我所说非虚。我想如果你看到那样的画面，你也会被悲伤所吞噬。因此我不会做那样残忍的事，我会避免让你看到整幅关于悲伤与孩子的画面，我仅会让你窥知一角来略微感受一下，即使这样也已经足够了。

别担心，你还是会笑的，而且是一个完美的大笑，你可能也会流一点儿眼泪，但是流泪对你的眼睛和心灵都有好处，它会使你的生活更加美好。

引言

亲吻她的脸颊

这是一个小女孩儿和她母亲的故事。在一个强势母亲的影响下，她树立了勤奋和诚实的价值观。

这是一个小女孩儿和她父亲的故事。父亲在她6岁的时候便抛弃了她和母亲，再也没有回过家。

这是一个在二战期间成长起来的小女孩儿的故事。当时她身无分文，也没有吃的，甚至差点儿被饿死，这段饥寒交迫的记忆令她终生难忘。

这是一个年轻的女孩子通过不懈的努力加上一点点幸运，与一大群艺术家、编剧和导演一起，凭借丰富的想象力和天分终于获得成功的故事。

左图：阿纳姆城，荷兰，1939年，二战爆发。曼侬·凡·萨切特伦
（Mancn Van Suchtelen）拍摄。奥黛丽·赫本个人藏品

这是一个演员为了弥补自身的不足，早上四五点钟就起床努力工作的故事。

这是一个明星无视自己独特魅力的故事。她总觉得自己太瘦，鼻子也不够挺直，脚又太大了，对于自己所受到的瞩目她都感到荣幸和感激，正因为这样，她才总是能够紧跟时代步伐，并且总能找到适合自己的风格，而她对待周围的人总是谦恭有礼且充满敬意。

这是一个女孩儿不计前嫌最终接受了自己父亲的故事。从6岁开始一直到她声名大震之前，整整20年里，她的父亲从未和她联系过，或者说，在她的人生里，有20年是没有父亲的。然而她最终还是下决心接受了这一事实，并且一直照顾父亲至生命的最后一刻。尽管父亲的政治主张正是她一贯坚决反对的，但作为女儿，她还是接受了自己的父亲。

这是一个遭遇两次失败婚姻的女人的故事。从某种角度来看，这应该归咎于幼年时期离她而去的父亲，她幼小的心灵过早地承受了如此巨大的创伤，以致一生都无法修复。

这是一个热爱生活的女人的故事。她非常渴望和家人在一起，她喜欢她的狗、她的花园，还有盛满番茄汁意大利面的盘子。

这是一个美丽而简单的故事，这也正是母亲一直没有写过一本关于自己的书的原因，她觉得自己的生活太平常也太平淡了。

没有公众丑闻，也没有华丽而庸俗的秘密，还算得上好莱坞人物传记吗？就更别说畅销书了。巴里·帕里斯是母亲生前最后一位传记作者，可能也是最认真细致的一个，他在前言中写道："奥黛丽·赫本，对于传记作者而言，是一个美梦，同时也是一个噩梦。无论是在屏幕上她的表演，屏幕下她热情的善举，没有哪个电影演员像她这般令人尊敬，有灵感，而且鼓舞人心。时至今日，她依然深受人们爱戴，从没有人说过她一句坏话。她所做过的最坏的一件事，也许就是在1964年的奥斯卡颁奖晚会上忘记提及帕德里夏·尼尔①。她没有耸人听闻的秘密，也没有被曝光的丑闻。在她善良、热情的外表下，是一颗更加善良、热情的心。"

事实上，母亲不愿意把自己的故事写出来，也不愿意写自传的主要原因是她不愿意将自己的私生活暴露在其他人面前。如果那样做，基于她本人一贯的性格，一定是完全真实地把所有的一切都写出来，而这样的话，就有可能给一些人带来伤害。她不能容忍这样的事情发生。无论是文字的还是口头的，当她被提及的时候，都是以她的职业为背景的。母亲非常低调，不愿意出风头，那些辉煌、闪光、美丽的时刻，她都会无意中跳过。而那些有关她平淡、简单，显得微不足道的生活细节方面的内容很可能又已经被人遗忘。然而，在那些平凡的细节中，恰恰蕴含着她生活的秘密。

市面上现有的7本关于我母亲的传记中，除了巴里·帕里斯为母亲写的那本书的一部分章节之外，其他的我连看的兴致都没有。即便是这样，在巴里的作品中，我仍然觉得有两个不太起眼的地方需要调整，尽管这不是什么至关重要的内容，但这说明传记作者没有经过认真调查核实就凭空杜撰出一些情节，并且还大肆宣传，以致以讹传讹。

有些传记中说我母亲出生时的名字是艾达（Edda）·凯瑟琳·赫本－鲁斯顿，后来才改名为奥黛丽。也许对于写传记的人来说，面对母亲单调而缺乏剧烈冲突的生活，要写出一部畅销书来实在是很困难，因此他们便捏造了一些无伤大雅的谎言，而这些谎言由于年代久远证实起来并非易事。但是，我有母亲的出生证明，上面写着："奥黛丽·凯瑟琳－鲁斯顿"。战后，她的父亲约瑟夫·维克多·安东尼－鲁斯顿发现关于祖先的资料中，有些夹杂着"赫本"，他就将"赫本"加到了自己的名字中，这就导致母亲在法律文

---

① 帕德里夏·尼尔（Patricia Neal），第36届奥斯卡最佳女主角。与奥黛丽在《蒂凡尼的早餐》中合作演出。

件上也必须在自己的名字中加上"赫本"。那个"艾达"的故事则另有原委。二战期间，我的外祖母临时将母亲的名字由"奥黛丽"改为"艾达"，是因为"奥黛丽"这个名字带有浓重的英国色彩。二战期间，在被德国占领的荷兰，拥有英国色彩的名字并不是什么妥事。如果引起驻扎在荷兰的德军注意，很可能会被限制自由，甚至是充军。外祖母的名字是埃拉（Ella），她只是简单地把名字中的两个"l"换成了两个"d"，就成了母亲的新名字"Edda"。在那个年代，绝大多数文件都是手写的，"Ella"的确是一个很容易被审改的名字，因此母亲每次出门时都会带上外祖母的身份证，用到的时候只需在两个"l"上分别画上个半圆，就变成了"dd"，然后再把出生年月从1900年改成母亲的1929年，这样母亲就成了Edda Van Heemstra（艾达·凡·海姆斯特拉）。我的外祖母真是一个机智的女人。

　　事实上即便在英国，奥黛丽也不是一个常见的名字，而在那个年代，凡是不常见的东西都会被质疑与犹太人有关。当时德国当局有一种趋势，"重新安置"那些不常见的个体。我认为外祖母保护母亲的决定是审慎而

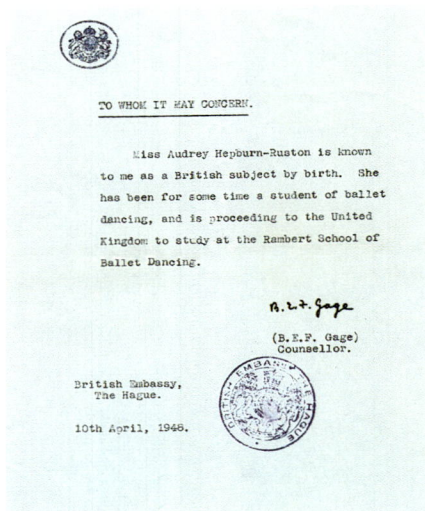

右：奥黛丽·赫本－鲁斯顿出生后的国籍及其在芭蕾舞学校学习的证明文件，英国大使馆提供，1948年

BIRTHS within the District of the British *VICE CONSULATE* at BRUSSELS

No.	When and Where Born	Name	Sex	Name and Surname of Father	Name and Maiden Surname of Mother	Rank, Profession or Occupation of Father, and claim to British Nationality	Signature, Description and Residence or Informant	When Registered	Signature of Consular Officer
41.	Fourth May 1929 48. Rue Keyenveld Ixelles Brussels	Audrey Kathleen	Girl	Joseph RUSTON	Ella RUSTON formerly VAN HEEMSTRA	Company director British subject by birth at London on 21st November 1889.	Ella Ruston Mother 48. Rue Keyenveld Ixelles Brussels	Eighteenth July 1929	M.S. HENDERSON ACTING BRITISH VICE-CONSUL

I, W.C.R. Aue British Consul at Brussels do hereby certify, That this is a true Copy of the Entry of the Birth of Audrey Kathleen RUSTON No. 41 in the Register Book of Births kept at this Consulate Witness my Hand and Seal, this fifth day of January 1952 H.M CONSUL

CERTIFIED COPY of an ENTRY OF BIRTH
within the District of the British Vice Consulate at brussels

Application Number. 575016

No.	When and where born	Name	Sex	Name and surname of father	Name and maiden surname of mother	Rank, profession or occupation of father and claim to British Nationality	Signature, description, and residence of informant	When registered	Signature of consular officer
(1)		(2)	(3)	(4)	(5)	(6)	(7)	(8)	(9)
41	Fourth May 1929 48. Rue Keyenveld Ixelles Brussels	Audrey Kathleen	Girl	Joseph Ruston	Ella Ruston formerly Van Heemstra	Company Director British Subject by birth at London on 21st November 1889	Ella Ruston Mother 48 Rue Keyenveld Ixelles Brussels	Eighteenth July 1929	M.S.Henderson Acting British Vice-Consul

In entry No.41 column No.6 for "London" read "Obnis Bohemia 21st November 1889, His father having been born at London on 10th July 1860". Corrected on the fifth day of January 1952 by me, A.Lansdowne, British Vice Consul on production of statutory declaration made by Baroness Ella van Heemstra, mother, of 65 South Audley Street, London W.1.

CERTIFIED to be a true copy of the certified copy of an entry in a Register of Births in the district above mentioned.
Given at the GENERAL REGISTER OFFICE, SOMERSET HOUSE, LONDON, under the Seal of the said Office, the 2nd day of December 1966

Cons. EA 016736

This certificate is issued in pursuance of the Births and Deaths Registration Act, 1953 (as amended).
Section 34 (6) provides that any certified copy of an entry purporting to be sealed or stamped with the seal of the General Register Office shall be received as evidence of the birth or death to which it relates without any further or other proof of the entry, and no certified copy purporting to be given in the said Office shall be of any force or effect unless it is sealed or stamped as aforesaid.
CAUTION.—Any person who (1) falsifies any of the particulars on this certificate, or (2) uses a falsified certificate as true, knowing it to be false, is liable to prosecution.

上：奥黛丽的出生证，手写，填写日期1952年1月5日，英国驻比利时布鲁塞尔大使馆领事提供

下：奥黛丽的出生证，打印件，填写日期1968年12月2日

DESCRIPTION
SIGNALEMENT

Wife - Femme

Profession }
Profession }

Name }
Nom }

Place and date }
of birth }
Lieu et date }
de naissance }   14 MAY 1929

Domicile }
Domicile }   BRUSSELS

Height }
Taille }   4 ft. 4 in.   ft.   in.

Colour of eyes }
Couleur des yeux }   Brown

Colour of hair }
Couleur des cheveux }   Brown

Special peculiarities }
Signes particuliers }

CHILDREN - ENFANTS

Name
Nom

Date of birth
Date de naissance

Sex
Sexe

PHOTOGRAPH OF BEARER

WIFE
FEMME

SIGNATURE OF WIFE.   ET DE SA FEMME.

(photo)

BRITISH CONSULATE GENERAL
2 3 MAY 36
ANTWERP

Audrey Ric...

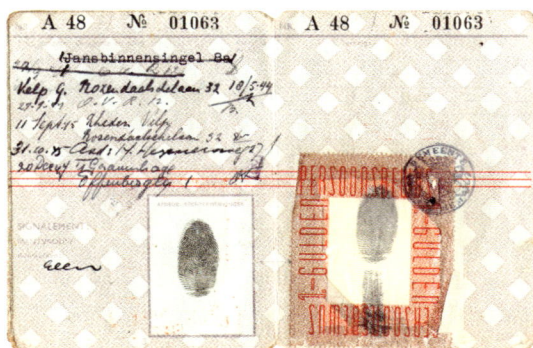

左页：奥黛丽的第一本护照，1936年。英国儿童在未达到一定年龄时，其个人信息往往包含在其父母的护照中。眼睛：棕色；头发：棕色；显著特征无。没有吗？我渴望与众不同！

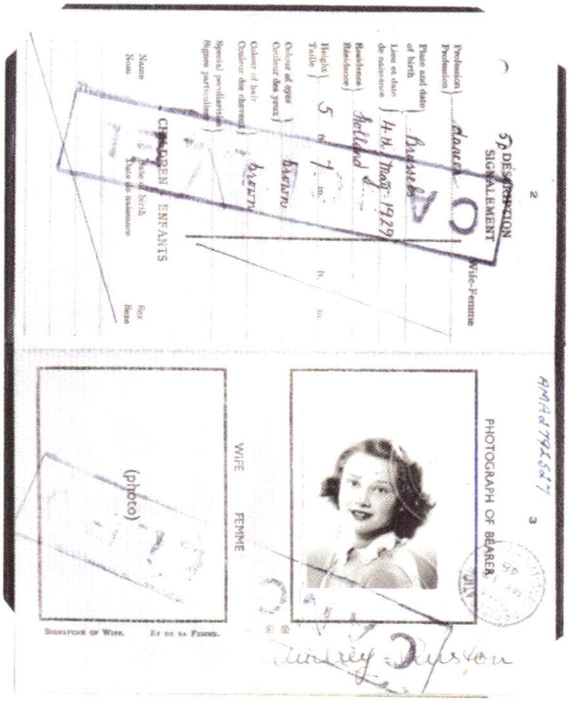

Passport 1 (left page):

2 / 3

AMA d 792527

DESCRIPTION
SIGNALEMENT

		Wife-Femme
Profession / Profession	dancer	
Place and date of birth / Lieu et date de naissance	Brussels / 4th May 1929	
Residence / Résidence	Holland	
Height / Taille	5 ft 7 in.	ft. in.
Colour of eyes / Couleur des yeux	brown	
Colour of hair / Couleur des cheveux	brown	
Special peculiarities / Signes particuliers		

PHOTOGRAPH OF BEARER

Audrey Hepburn

WIFE FEMME

(photo)

CHILDREN - ENFANTS

Name / Nom	Date of birth / Date de naissance	Sex / Sexe

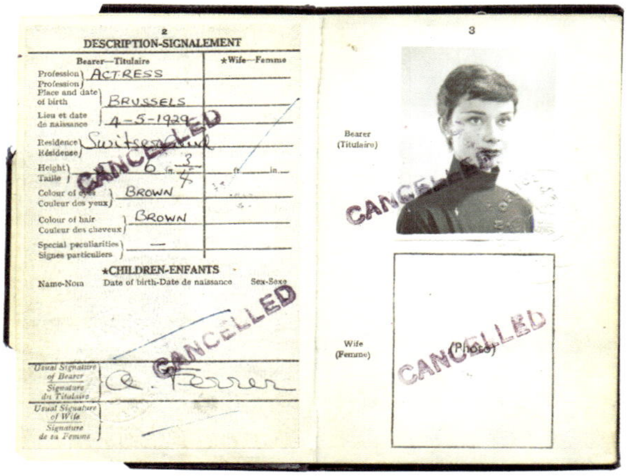

SIGNATURE OF WIFE. Et ox sa FEMME.

Passport 2 (right page):

3

Bearer (Titulaire)	Wife (Femme)
CANCELLED	CANCELLED

DESCRIPTION-SIGNALEMENT

		*Wife - Femme
Profession - Titulaire / Profession	ACTRESS	
Place and date of birth / Lieu et date de naissance	BRUSSELS / 4-5-1929	SWITZERLAND
Residence / Résidence		CANCELLED
Height / Taille	5ft 7	
Colour of eyes / Couleur des yeux	BROWN	
Colour of hair / Couleur des cheveux	BROWN	
Special peculiarities / Signes particuliers		

*CHILDREN-ENFANTS

Name-Nom	Date of birth-Date de naissance

Usual Signature of Bearer / Signature du Titulaire: O. Ferrer

Usual Signature of Wife / Signature de sa Femme

引言 亲吻她的脸颊
INTRODUCTION

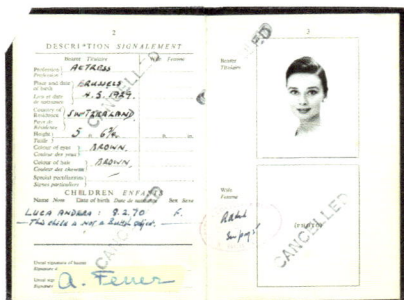

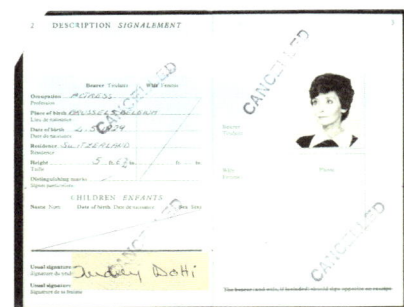

左上：奥黛丽的英国护照，1964—1974年

左中：奥黛丽的英国护照，1982—1992年

左下：奥黛丽的英国护照，1974—1984年

右：奥黛丽的联合国护照，1988年

合理的。

　　另一个错误就更无足轻重了，是在一个早期的传记版本中，有这样的描述：“1960年1月17日，奥黛丽·赫本的儿子肖恩出生了，她非常高兴。”后来的绝大多数关于母亲的传记中都重复了这个错误。当我的旅行社职员也是好朋友的珍妮特沉浸在为我庆生的想法中时，我告诉她这个信息不准确，她失望透了。拥有一位如此伟大的母亲是我的荣耀，她赋予我生命的那一天是1960年7月17日，而不是1月。

　　母亲完全配得上“伟大”这个词，我想不出别的词来表达我身为她的儿子的这种自豪感，更无法形容因为她曾经对社会做出的贡献而深感骄傲的这种心情。

　　母亲从来没写过自传，她曾经考虑过晚年的时候为我和弟弟卢卡写一些关于家庭的文字，也许是一种记录那些在我们出生之前出现的所有特别的人以及发生的不同寻常的事的东西。但是由于致力于联合国儿童基金会的工作，母亲一直无法抽出时间来做这件事。

　　1991年5月9日，著名的出版经纪人艾文·拉纳给母亲写了最后一封信，希望她能够考虑写一本自传。在这里我不想只是引用其中的某些句子，而是想把信的全文刊登出来。从这封信中我们可以看出他们的友谊成长得多么坚实，也可以看出艾文·拉纳的言辞是何等恳切。

亲爱的奥黛丽：

自从亚布拉罕·林肯总统入主白宫以来，我不记得有什么人能够赢得如此广泛而热烈的赞许，也没有人能够对世人产生如此深远的影响。之所以将你们两个的名字联系起来，是因为《纽约每日新闻》的头条——《奥黛丽在林肯中心庆功》。这篇新闻描述了现实生活中的伊莉莎·多莉特尔（《窈窕淑女》中的女主角）如何最终获得了成功。"在昨晚林肯中心的电影协会颁奖典礼上，出演电影《窈窕淑女》的明星，现实中的传奇人物奥黛丽·赫本最终赢得了年度大奖。"

从那之后，你的声望扶摇直上。值得一提的是，这一切的成就并不是依赖于媒体经纪人的炒作，这些经纪人的工作就是帮助他们的客户赢得更多的曝光机会和发展空间。我知道，你没有签约任何媒体经纪人，也没有任何为你处理公共关系的团队，你更没有迫切地要被人们认识的企图心。无论是在电影节还是慈善活动中，你只是自然而然地展现出你的进取心和个人魅力，就赢得了所有人的掌声和赞誉。

有一点实在太特别了，那些围绕在你身旁、长期关注你的人，他们对你的喜爱，并非受某些媒体的"蛊惑"，也不是受花哨舆论的引诱，完全是自发的。这一切使我更加有一种冲动。这样的荣誉对你来说真的是实至名归。这不仅仅是因为你辉煌的电影生涯，更因为你在为联合国儿童基金会工作中的全情投入所表现出来的崇高人格。

这确实是个奇迹，作为你的朋友，我不仅仅是铭记住这一切，甚至还非常享受因你而受到的关注。这些话我并不是第一次说，以前就跟你说过。我清楚地记得在现代艺术博物馆进行的那次颁奖典礼，又一次展现了人们对你的喜爱和崇拜。尽管你只是作为嘉宾出席的，典礼的内容本身和你没有一点儿关系，但是不知怎么搞的，你却抢走了所有主角的光芒。这件事在你的粉丝中传为佳话。

有些话我不得不说，我还是希望你可以好好考虑一下出书的事，先别忙着一口回绝。

首先，《名利场》[1]里的那些文章还是一如既往地出色。我问过我的好朋友蒂纳·布朗那期杂志卖得如何，她告诉我说销量非常好，史无前例。人们因为喜欢封面上那张美丽的脸而买这本杂志，而她本人对于杂志里面那些你的照片也同样非常喜欢。那篇文章本身也很好，甚至可以作为你新书中三分之一的内容。如果再从中选出一些你没有过多谈论的细节，加以适当地拓展，那么实际上你新书的主体部分就差不多出来了。当然，这样大的篇幅还是需要你亲力亲为的，如果是别人凭空来写的话，结果肯定不是你想要的。

其实，那篇文章的思想和内容都非常不错，完全可以拿来放进你的新书里面。我已经跟你说过很多次，没有人非要你写出一本与那篇文章完全不同的书。你既不需要刻意地八卦和泄密，也不需要刻意地对其他人进行抨击，只需要像那篇文章那样，平实地描绘自己就可以了。新书和那篇文章内容上有重合是很正常的事，人们没理由不接受。唯一的不同是，这本书能够为你带来近300万美元的版税收入，而那篇文章则是没有酬劳的。事实上，除了把它当作献给联合国儿童基金会的礼物之外，你还可以用在其他地方，这些对你都很重要。总之，这笔钱能为你实现很多愿望。

我曾经读过几本关于你的书，无一例外，都是在堆砌你辉煌的事业成就。顺便说说，还可以采取另外一种方法来做你这本书，内容不是完全围绕你自己的言论和口述，我们可以安排一系列采访，让别人来描述对你的印象，说出在他们眼里，你作为一个演员、一个母亲、一名慈善机构的工作人员或者其他演员心目中的偶像，是怎样的一个人。你在很多领域中都

---

① 译者注：美国生活杂志。

是独一无二的人物，通过别人的视角来写的好处是可以使你避免用第一人称来说自己的事，正好你还不愿意说。让其他人说，然后把这些采访记录进行整理放进书里，这种方式应该不会让你感到不安。然而，归根结底，这还是一本关于你的书，只不过通过别人来完成它。书里说的是别人对你的看法，而不是你对自己的看法。就像《名利场》里那篇文章一样，那位作者的高明之处就在于他成功地抓住了你最吸引人的地方。

你可以在书中发出自己的声音，描述或者引申你在生活中的所观所想。从形式上说，这本书比其他的传记更注重思想性，表达出你对看到的社会现象以及人情冷暖所做出的反思。也可以从个人角度出发，来评价一下你所崇拜的演员或者导演。换句话说，这是一本有关人生哲学的书，而不仅仅是一本普通的自传。

我希望书中能够包罗你对生活的各个方面的看法和解析，尽可能多地去表达你的想法。别忘了，你不需要为这本书而与任何人会面，不需要做任何承诺，也不需要提前透露你将撰写的内容。书的署名为奥黛丽·赫本，这本书在内容的广度上和《名利场》里的文章差不多就可以了，但是在深度上，希望你能适当加以挖掘和扩充。如果可以的话，应该不超过6个月就能弄完，当然越快越好。我不要求你必须一口气写完，你可以间歇地来进行。我们会选择一位你喜欢的作者来完成其他的部分，也可能就是写《名利场》里那篇文章的那个人。如果这样的话事情就更简单了，根本不会给你带来任何麻烦。我相信这本书会像你一样有魅力。我就不再多说了。

亲爱的，好好考虑一下吧。爱你和鲍勃。

你忠诚的

艾文·拉纳

一本关于"人生哲学"的书！这正是我试图要做的。在过去几年里，经常有人问我这本书的内容会涉及哪些方面。我总是回答说："我会以母亲最后几个月的生活以及其间我们之间的一些交流为起点，借以重温母亲的人生哲学和信仰。"

母亲一直想写一本关于她的家庭、她的生活和她为联合国儿童基金会工作的书，可是没有机会。凭我对母亲的了解，如果能够完成这本书，她肯定会将300万美元版税的一部分甚至是全部捐给慈善机构。现在我依靠我作为她儿子的优势来写这本书，完成后我会将所有的版税收入都捐给奥黛丽·赫本儿童基金会。

坐下来写这本书之前，我的内心进行了一场长久而激烈的斗争。此前我罗列了所有她自己没有写自传的原因，那么也许我也不应该写。这毕竟是她的生活，是她的隐私。我不想写别人的事，或者虚构一些引人注目的故事。首先，并不存在这样的故事；其次，即便存在，母亲也不会讲给我们听。我希望写一本关于她，关于她的真实为人的书。母亲真的很像我们在电影中看到的那些她扮演的角色：感性、勇敢、优雅、浪漫。她真的何时何地都是那么美。

所以，这本书讲的不是母亲眼中的其他人，而是其他人眼中的母亲。

对于那些热衷在小报上寻找花边绯闻的人来说，这本书也许非常无聊。但是如果你信奉简单生活，坚信只要努力工作便会拥有幸福，那么，这次文字之旅不会让你失望。

这本书将带你走进母亲温柔的内心，34年来我一直沐浴在她的慈爱之中，她是这个世界上最好的妈妈，也是我最好的朋友，在我心里她是完美的代名词。大家在银幕上看到她所扮演的那些角色，那些让你记忆深刻的形象不仅仅是编剧、导演、摄像师和剪辑师高超技艺和天才般的创意的呈现，同时也是这个具有传奇色彩的质朴女人本色演绎的结果，正因为这样，时至今日她还能受到全世界影迷的热情追捧和高度赞赏。

著名导演比利·威尔德是母亲最好的朋友之一，他说过这样一句话："一个女孩儿被上帝吻了一下脸颊，就变成了奥黛丽·赫本。"

在房间中孤独消逝的父亲，

一位隐形人的画像，

就此泛黄，然后遗失。

亲 情 的 渴 望

前页：我的外祖母埃拉（Ella）和婴儿时的奥黛丽，不到1岁，1929年。家庭照

上：奥黛丽和她的母亲埃拉·凡·海姆斯特拉（Ella Van Heemstra）在一起，1938年。家庭照

出　生

有一次母亲对我说："如果将来我要写自传，开头我会这样写：1929年5月4日，我出生在比利时布鲁塞尔……6周后，我告别了人世。"

奥黛丽出生后6周患上了严重的百日咳，她的母亲，埃拉·凡·海姆斯特拉，是当时的基督教派科学成员之一。她没有带奥黛丽去看医生，而是在家中做祷告。不幸的是，上帝似乎没有听到她的祷告，奥黛丽的病情越来越严重。在几次剧烈的咳嗽之后，小奥黛丽停止了呼吸。

很多年过去了，像所有的孩子一样，奥黛丽也喜欢一遍一遍地重复听讲过的故事。"后来呢？"每次听母亲讲到这儿她都忍不住会问。"婴儿停止了呼吸，身体也开始慢慢变紫，之后妈妈不断地拍打她的屁股，结果奇迹出现了，她又活过来了。"这个故事她已经听过无数遍，但是每次都会百般恳求妈妈再把那个故事的结局重复一遍。

这是一个多么神奇而生动的宗教信仰的案例啊！这件事表明了一个观点：让奥黛丽存活下来的理由，不是现代医学知识和先进药物，而是连续地打屁股加上虔诚的宗教信仰。

除了这件事之外，母亲觉得自己的生活都很平淡，没什么可写的。母亲不善言辞，讲话也尽量简洁，她的说话方式明显带有维多利亚时代的风格：谨慎、严肃、简洁、直接。外祖母埃拉经常说她："你呀，可真是个无趣的人！"

事实上母亲并不是真的像外祖母说的那样无趣，她只是不愿意把时间浪费在闲谈上，她把全部的精力和时间都倾注到她所热爱的事情上——她是一个好演员，也是一个好母亲，并且为了做好这些，她全神贯注、不遗余力。

二 战

每隔几年，就会有人找上门来（大多时候是经纪人艾文·拉纳），建议母亲写自传，开出相当有诱惑力的条件，与前面你读到的那封信里说的类似，并且允诺不限制内容，只要是她想写的，任何话题都可以。但是母亲都一一谢绝了。

作为公众人物，母亲经常会以她出演的电影主角或者联合国儿童基金会大使的名义受邀参加一些电视访谈节目。在节目里，她会谈及自己的生活、工作以及她身处领域的一些经验。那些有关童年经历和加入联合国儿童基金会动机的问题总会让她回想起二战时期自己的家人和朋友所经历的苦难生活。那些今天被我们视为理所当然的东西——和平、自由和民主，在当时根本就不存在。据她所说，那时她哥哥曾经因为没有吃的，而不得不以狗饼干充饥。还有人靠郁金香的鳞茎来填饱肚子。当时的面包都是绿色的，原因是没有小麦，只能用豌豆磨成粉来制作面包。甚至有时候为了让自己不觉得饿，她会一整天都躺在床上看书。

她永远也忘不了德国军队入侵荷兰小城阿纳姆时的情景，童年时那种恐惧至今记忆犹新，因为二战期间的大部分时间她都是在那里度过的。直到这座城市几乎没有任何吃的东西了，他们才搬到郊区她的外祖父家。

她的外祖父曾经是阿纳姆市的市长，不过在那个年代，市长只是意味着要承担更多的责任和义务，而没有比别人更多的财产。当大规模的轰炸开始后，他们发现这儿是一个相对来说非常安全的地方。周围的农民非常热情，愿意拿出家里的粮食以及饲养的家畜，与从城里来的难民一起分享。她还记得那时候大家都把家里的贵重物品拿去换粮食。而那些奸商利用战争的契机投机倒把，牟取暴利。用低价换来的东西，随后就以高出几倍的价格出售。随着粮食的稀缺，物价被哄抬得越来越离谱，乃至一条珍珠项链竟然换不来一个人的口粮。

罗伯特·沃尔德斯，这个陪伴母亲度过了生命中最后12年的荷兰人，尽管那个时候他们还未曾谋面，不过二战后期，他也在阿纳姆附近的另一个郊区生活，所以后来他们总是谈起那个时期的一些奇闻逸事。其中有个段子挺有意思的：说那时有个农夫用自己地里产出的粮食换了很多值钱的艺术品，因为担心被德国人抢了去，所以他自己建了一个地下室，建好后把那些名画和古董之类的东西都安置到里面。终于盼到了解放，他兴奋地跑进地下室去探望他的宝贝，结果却发现地下室早就让大水给冲垮了，而里面的东西也都面目全非了。

欧洲解放的时候，母亲第一次接触到联合国儿童基金会。"二战期间我一直生活在德国统治下的荷兰，那时根本没有吃的。"她回忆说，"解放前最后那个冬天是最难熬的，本来城里的食物就已经所剩无几，还要优先供给德军。所有没被饿死的人，都患上了营养不良症，而我是最严重的一个，几乎距离死亡只有一步之遥了。幸好不久后战争就结束了，很快红十字会的一个组织（这个组织就是后来的联合国儿童基金会的前身）进驻了我所在的城市，并且迅速向居民发放了食物、药品和服装等救济品。当时所有的学校都变成了救援中心，我和所有孩子一样无疑成了最大的受益者。这一点就足以让我对联合国儿童基金会感恩一生。"

在欧洲所有被侵略的国家中，荷兰是被德军占领时间最长的一个。它是最先被德军侵略的国家之一，也是最后被盟军解放的国家之一。解放全荷兰的最后几次战役，其中有一次就是盟军在阿纳姆打响的。这次战役后来被拍成了电影《遥远的桥》。若干年之后，在我父亲担任制片人的一部电影《盲女惊魂记》中，母亲担任主角，扮演一个被精神病歹徒迫害的盲女，而该片的导演就是因导演过"007"而知名的泰伦斯·杨。后来得知这

上左：约瑟夫·维克多·安东尼·赫本-鲁斯顿（Joseph Victor Anthony Hepburn-Ruston）的父母和祖父母，他们把他——一个有着情感交流障碍的男人——带到了这个世界。家庭照

上右：给予了奥黛丽无限母爱的外祖父、外祖母，1936年7月。战争之初，父亲离开后，奥黛丽的外祖父遂扮演了父亲的角色，并给予她诸多父爱。这种影响贯穿了奥黛丽的整个青年时期。家庭照

名导演在二战期间曾经担任英国某坦克部队的指挥官，肩负了炮轰德军工事的任务。他在拍摄影片期间得知原来我母亲在二战期间住在阿纳姆，而驻扎在阿纳姆城附近的部队正是他指挥的，当时周围很多村庄都被炮弹打成了一片废墟，其中包括我母亲当时住处的附近。

母亲和杨之间因战争而结下的这种机缘，促使他们成了忘年之交，他们的友谊是那样坚不可摧，就像杨经常开的那个玩笑那样："如果当时我瞄准的目标向左偏一点儿的话，我现在的工作也就没办法步入正轨了。"事实上母亲在心里是非常赞同那次炮击的，尽管当时吓了一跳，但那给她带来了自由。她再也不用提心吊胆地站着等纳粹军队从身边走过，接着又是纳粹卫军过来，听着他们为自己的胜利和至高权力而歌唱，炮击结束了这一切。

父 亲

关于那段战争岁月，我经常问母亲相同的问题：你真的帮助过反法西斯组织吗？你父亲真的是一个法西斯主义者吗？母亲总是保持一贯谦逊而试实的态度，先回答第一个问题：是的。和其他孩子一样，她也竭尽所能地来帮助那些反法西斯组织。她曾经把密信放在鞋子里传递给游击队员，因为小孩子不容易被怀疑，他们很少被纳粹士兵拦住搜身。我记得她曾经给我们讲过她亲眼所见的一幕：成群结队的犹太人被押上送往集中营的火车，一个穿着红衣服的小女孩儿被纳粹士兵塞进一辆牛车中带走。那个场面在母亲心里留下深刻烙印，一辈子未曾消失。很多年以后，当我看到电影《辛德勒的名单》时，斯皮尔伯格用精湛的艺术手段生动地再现了那个时代，让我想起了母亲

右：母亲出生前的约瑟夫·维克多·安东尼·赫本 - 鲁斯顿——奥黛丽的父亲。家庭照

给我讲述的那个真实的故事。《辛德勒的名单》是一部黑白影片，但是电影刚开场的时候有一个穿着红衣服的小女孩儿，这也是整部电影唯一的色彩。对于第二个问题，她同样回答：是的。不仅她父亲是一名法西斯主义者，而且她母亲也是，不过那都是在战争之前。法西斯主义的势力之所以能够如此迅速地扩大并攀上权力顶峰，一个重要的原因是它被认为是社会上一种新兴的优良的政府形式，从而获取了大量的支持。共产主义和法西斯主义的分歧在于我们今天所说的民主还是政权的集中。而当我们宣告法西斯运动已经演变成什么样子的时候，反对派思想家们以革命者的眼光和直觉，对那些已经发生的运动重新进行了解释。不过战争刚刚打响，我外祖父就去了英国，随即他被软禁在了马恩岛，获准自由行动之后他去了爱尔兰，而不是德国。他和我外祖母从来都没有支持过希特勒推行的战争政策和种族大屠杀行为。也许他们只是支持法西斯主义的某些意识形态和思想方式，因此便加入了有关政党。但是他们从来没有伤害过任何人，也从来没支持过法西斯主义的任何

制度。我外祖父曾经写过一本关于凯尔特人的书，以第一批真正的法西斯思想家的身份详细描述了这个族群。我曾试着读过，可是我实在无法理解书里的内容。

不过这些政治以及社会观点上的背离已经足以成为母亲对她的父母心生怨恨的理由，也正因为这样她放弃了那个家族能带给她的所有尊贵的头衔而搬到她的外祖父家居住。我这位伟大的外曾祖父在我出生的3年前就去世了，因此我从来没有见过他。母亲很少谈论以前的事，但她总是说，外祖父作为男性家长给予了她非常大的影响，也弥补了父亲没能陪伴自己长大的缺憾。20年父爱的缺失，这种影响还是不可小觑的。以致20年后当她与父亲再次重逢时，那位父亲已经表达不出那种血浓于水的父女亲情了。

我父亲梅尔·费勒一直通过红十字会寻找我的外祖父。他和母亲经常谈起我的外祖父。父亲感觉到（事实证明他的感觉是对的），对我母亲而言，她父亲的消失仍是一个巨大的心结。最后红十字会给父亲传来消息，说查到我的外祖父现在在爱尔兰。接到消息后他立刻打电话，父亲很清晰地记得他打给外祖父的那通电话：当我外祖父接到电话时，他很快就猜到了我父亲是谁。虽然相距遥远，但他很久以前就已经通过报纸了解了他女儿的生活和职业。我父亲说他认为他们父女俩应该见一面，也许可以把由于多年分开而产生的隔阂解决掉。电话那边的外祖父一直仔细地听着父亲说。当父亲说完，约瑟夫·维克多·安东尼·赫本－鲁斯顿，我的外祖父答应了，他说"我很高兴可以再次见到奥黛丽"（在英文表达中，这是一句极没有感情的礼貌用语）。于是他和我父亲在电话中约定了会面的时间和地点：都柏林谢尔伯恩酒店的大堂。我的父母从瑞士的卢塞恩（他们结婚后一直居住的地方）飞赴爱尔兰，驱车前往谢尔伯恩酒店登记入住。快到吃午饭的时候，电话铃声如约响起。

母亲最后一次见到她的父亲还是在二战刚刚开始的时候。那年夏天，

上：这两张照片相隔20年。她想知道究竟发生了什么。她发现，那个令她悲哀的真相就是，她的父亲其实是一个有情感交流障碍的男人。家庭照

她正在英格兰的一个农场里。突然有一天，战争打响了，外祖父到农场把母亲接走，随即匆匆把她送上一架小飞机，那是最后一批飞出英国的民用飞机。母亲还记得那架飞机是橙色的，是荷兰的传统颜色，飞机上也被指定用这种颜色。当时的荷兰作为中立国，被大家认为是一个相对安全的地方。然而，不幸的是，三天后，德国军队未经宣战就直接开进了荷兰。那架橙色的飞机超低空飞越英吉利海峡，在小奥黛丽的心中，飞机拉开了她和父亲的距离，父亲最后的印象也随着飞机的远行而渐渐模糊。

接到电话之后，我父母亲就下楼了，来到大厅，看见我的外祖父就站在那儿，他显得有些苍老，穿着一件看上去有点儿破旧的粗花呢大衣，不过仍然气宇轩昂，一脸的骄傲。不到一秒钟，母亲就认出了他。看到自己多年未见的女儿，外祖父没有任何反应，他就像座雕像一样站在那里，没有走上前来，也没有张开双臂，更别提拥抱了。这并不是因为他太过激动而不知所措，而是在已经过去的生命的大部分时间里，他已经习惯了没有这个女儿，亲情完全被时间阻断了。

这个母亲整个童年时代都在渴望能够从他那里得到亲情的人，却用交流上的木讷暗示了这种期待的无效。最后还是母亲主动走上前去，拥抱了他，就像其他那些幸福的女儿拥抱自己慈祥的父亲那样。也就是说，我母亲原谅了他，而且是在第一时间、本能地原谅了他。她并不需要生身父亲面对女儿时的愧疚，她想要的仅仅是女儿对父爱的如愿以偿。就这样，在那次父女重逢中没有人流下喜悦的泪水。因为深知那样会让他感到不自在，母亲把眼泪都流到了肚子里。那天接下来的时间里，他们一起吃了午餐，并且共度了整个下午，所有的时间都在平淡的愉悦中度过。其间我父亲找了个借口说自己想去古玩店逛逛就出去了，以便可以给母亲和外祖父单独聊天的机会。

当我父亲回到酒店的时候，只有母亲一个人在大堂里，父女重逢该做的都已经完成了，外祖父已经走了。母亲看见父亲回来只说了句："回家吧！"就再也没出声。在回家的飞机上，她对父亲说，她很感谢他所做的这些，不管怎么说这次爱尔兰之行解开了她的一个心结，而且她不需要再见自己的父亲了。她的母亲在整个二战时期都在抱怨这个男人，因为他的不辞而别，因为他没有尽到一丝一毫男人应尽的责任，她用最恶毒的词语咒骂他。这种积怨促使她觉得必须要亲眼看看这个男人。可是当她真的见到他时，之前所有的怨恨都不复存在了。

据我所知，母亲应该从来没有为这件事痛哭过，她善于控制自己的情绪。但不知道，在拍摄屏幕上那些需要痛哭的场面时，这些一直被压抑和积累的情绪是不是能够得以释放。

尽管这样，外祖父的全部有生之年，母亲一直对他提供经济上的支持。虽然过去的那些艰难岁月里，外祖父并没有尽到做父亲的责任，但是作为女儿，母亲不计前嫌，坚定地承担了赡养父亲的义务。母亲一生都在坚持并践行的做人原则是：每个人无论曾经有过怎样的遭遇，这些遭遇都不足以成为放弃自己应尽责任的理由。

这样的生活过了很多年，当我母亲与罗伯特·沃尔德斯开始交往后不久，有一天突然传来了外祖父患上重病的消息，医生说他剩的时间不多了。在都柏林的那次会面之后，母亲只见过外祖父一次。那次是他来到我们在瑞士拉佩西堡的家，在这里住了一两天。我相信是我母亲想让他和我见一面，顺便看看我们的家。不过因为那时候我年龄还太小，只记得他是个相对严厉而有点儿让人敬畏的老人。

于是母亲第二次去了都柏林，这次是罗伯特陪着她。她知道外祖父的病情恶化得很快，因此她决定留在那里多陪陪自己的父亲。然而那个时候的外祖父已经神志不清，很多生活里重要的事情都记不起来了，他滔滔不绝地说起自己的马，实际上那时他已经一匹马都没有了。在我母亲的很多传记中，外祖父都被描绘成一个出色的银行家，然而可悲的是，他实际上从来没真正从事过任何工作。他是一个不折不扣的有天分的业余爱好者：他是一个出色的驯马师，也是一名滑翔机飞行员，他会说13种语言，掌握了很多种人文学科的知识，并且具有强烈的创新意识。尽管如此，他却无法与自己的女儿顺畅地交流。他跟罗伯特说，奥黛丽对他而言是多么的重要，他为自己当年没能尽职尽责地当个好父亲而感到后悔。一直以来，他都为她感到骄傲。

母亲和罗伯特离开爱尔兰之后，没过几天外祖父就去世了。她没有留下来等到参加外祖父的葬礼，因为他们当时不知道他还能够坚持多久，而且也不希望引来不必要的关注而让事情变得更加复杂。因为很久以前，许多媒体为了宣传的需要，就虚张声势地报道说她的父亲早在她幼年时期就去世了，而那时母亲也就此尘封了这段历史。

从很多层面来看，我母亲的两次婚姻似乎源于同一种动力，第一次和我的父亲梅尔·费勒，第二次和我弟弟卢卡的父亲安德烈亚·多蒂，看起来都像是一种延续。这两个男人在情感上都有童年时代留下的伤疤。他们都有一个强势的母亲，才华横溢并且控制欲极强，加之他们所受的教育以及那个时代的社会认知尺度，这些都促使他们不能跟孩子有较深层次的情感上的沟通。"情感缺乏症"是食物无法治愈的，她经常这样描述那些年她在联合国儿童基金会遇到的那些需要帮助的孩子，因为她了解他们的症结在哪里。总体而言，费勒和多蒂是同一类人，他们性格很像。也许是因为母亲也有相同的背景，因此内心有一种本能的渴望，希望与自己的丈夫分担这种遭遇所带来的困扰，同时也希望能帮助这个与自己同病相怜的人弥补这种情感缺失。但当她发现自己无力去帮助这两个男人的时候，由此带来的失望不言而喻。

我们都看到过这样的现象：生长在阴暗处的树木，尽管见不到阳光，它们的树干和树枝还是会千方百计地朝向阳光的方向生长。来自母亲童年心灵深处的那种渴望被拥抱的声音总是如影随形，她一直理解不了为什么别的情感缺乏的人表现出来的结果会跟自己那么的不一样。然而母亲浪漫的天性使她无法主动要求什么，虽然心里很渴望得到。她希望一切都能自然而然地到来，就像鲜花，之所以能使人愉悦，是因为那是别人主动送来的，而不是向人家要来的。

　　我相信，一个孩子与父母之间最初建立起的亲密和信任关系的色彩和程度，将会决定他情感世界的基调，伴随其一生。我们能否与父母做到坦诚相见，将很可能影响到今后我们选择什么样的爱人。如果这种最初的亲情关系没有完整地建立起来，那么我们此后都将生活在一种情感的裂缝中。我们会希望有人能来填补这裂缝，但这种裂缝是他人无法填补的，当努力无济于事时，最终我们就会忍不住心生抱怨。如果父母不在，那么怎样从根本上来解决这个问题呢？我母亲太理解这个情况了：没有给孩子最初的关爱，没有给他们最初建立关系的机会，如何来弥补？我们没有告诉过孩子怎样处理我们的情感，怎样识别出能够伤害情感关系的潜在因素，相反，我们都在勉强应付所遇到的一般性问题。我们都学会了如何聪明地转嫁这些情感问题，把内心的痛苦强加在别人身上，反而说成是别人的错误。

爱　情

　　尽管如此，母亲的两次婚姻，还是让她度过了很多年的幸福时光。虽然我当时还小，但是我依然还能记得那些有烛光和轻柔的音乐相伴的一个个浪漫而迷人的夜晚。我父亲经常把生活混同于他的作品《窈窕淑女》，可能因为他是一位典型的完美主义者，尽管他拥有卓越的思想和心境，但还是避免不了很难让自己满意，从而导致他变得喜怒无常，非常情绪化。不过他的品位是毋庸置疑的，作为电影制片人，父亲给母亲在角色的扮演上提供了不少非常中肯的建议。

　　我了解他们彼此之间的那种爱情，我也了解在爱和幸福的梦想逐渐破灭之后，他们所经受的那种切肤之痛。"爱需要行动。"后来母亲这么对我

上：我的父母，摄于结婚之初。菲利普·哈尔斯曼拍摄

说，"爱不仅仅是用来说的，从来都不是。"这话太对了。她还说："爱
是与生俱来的能力，但是我们必须不断地去锻炼这种能力，就像我们锻炼
身体一样。"两次婚姻的失败一度让母亲对生活彻底失望，而与罗伯特的
结合使她重新燃起了对生活的希望。正是这段感情激发她有勇气去接受联
合国儿童基金会亲善大使这份艰难的工作，去面对世界上那些不幸的孩

子。母亲想，如果那些受过心灵创伤的成年人是无法治愈的，那么也许拯救那些孩子还是有希望的。

　　我仍然记得我们在罗马度过的那些快乐的日子。那时候母亲刚刚和她的第二任丈夫安德烈亚·多蒂结婚。每天回到家一家人一起吃午饭，餐桌上大家无拘无束地聊着各种各样的话题，一家人其乐融融。我珍视这段回忆并不仅仅因为安德烈亚是一位称职的继父，更因为那时候我们真的拥有一个快乐的家庭。我的继母，我父亲现在的妻子丽莎教我这种令人愉快的表达方式，告诉我怎样描述才能使人际关系更融洽。母亲和安德烈亚在离婚后仍然保持很好的朋友关系。从这个角度看，也许我父亲会感到些许失望，因为他和母亲离婚后这么多年来只有过屈指可数的几次联系。我想这可能是因为最初的梦想破碎造成的伤害比以后遭遇的都要重一些。母亲非常愿意和安德烈亚存续这种友谊，以便他们都可以继续抚养并教育卢卡。

　　不管怎样，当两个灵魂无法融合在一起时，没有责备，没有对错，有的只是悲伤。从某种角度来说，外祖父当年的离家出走给母亲的情感世界造成了无法弥补的创伤，而这种创伤产生的影响应该为两次失败的婚姻承担一定责任。这就是我们从这件事上得到的启示。就好比希腊神话中推石头上山的科林斯王。如果你不懂得游戏的规则和其中的奥秘，那么不管你多么努力地推，怎么也到不了山顶，总是无法克服最后几英尺的距离。这种对感情的真切的向往和需要被爱的真诚，想要被呵护被宠爱的情境，很多时候母亲都是自己想象的，那是一种无论男人还是女人都希望拥有的爱情，而对母亲来说，这只是个一触即破的肥皂泡。

　　母亲总是全心全意地爱着她的丈夫，这两段婚姻她都尽了全力去维系。她所犯的错误只是她没有在应该让别人听到自己心声的时候，坦率说出心里的感情和想法。什么时候该说话，什么时候该沉默，母亲没有找到一个合适的分界点。在整个童年都被控制欲极强的外祖母弄得筋疲力尽之后，母亲希望能够过随心所欲、感情自然流露的生活。但是她选择的两个男人都不能给她这样的生活，他们自己都还不擅长处理自己的感情，就像后来她在联合国儿童基金会工作时接触到的那些孩子一样，由于家庭无法给予他们正常的童年生活，导致他们对很多问题没办法做出正确的反应。母亲的情感世界很单纯，她信奉：在爱情的世界中，全心全意的付出一定会换来对方同等的回报。然而，事实令她失望了，她的想象与现实世界是

下：婴儿车里的奥黛丽与奶妈格蕾塔（Greta），1930年。家庭照

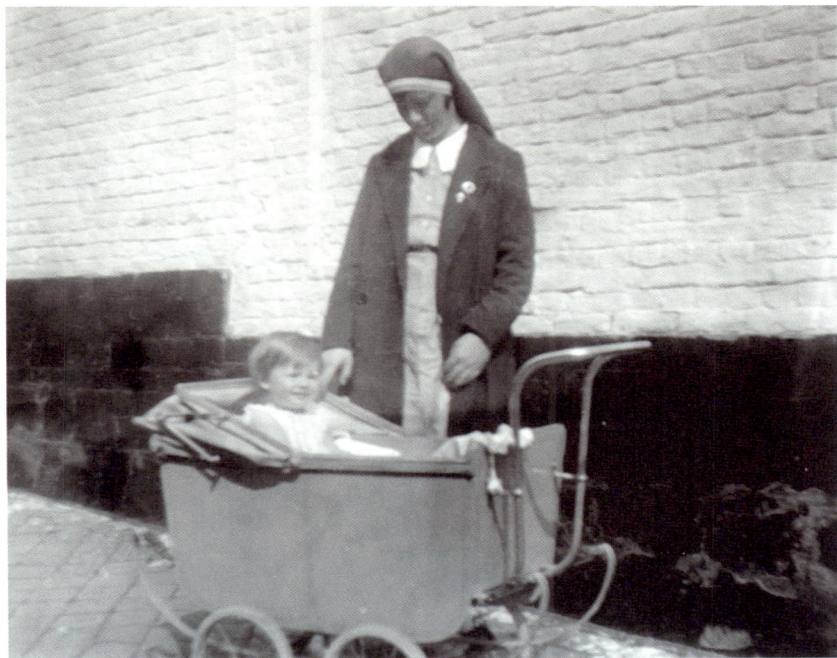

截然不同的。

我弟弟卢卡曾经跟我讲过这样一件事。有一次母亲带他去参加她的一个好朋友的葬礼，那时候卢卡只有14岁，而母亲让他担任护柩者。当所有的客人都离开之后，母亲想跟他倾诉自己的心情和感受，同时向他解释死亡的含义。当时卢卡只是看着她，紧紧地抱着她，对她说自己能够理解她此时的心情。母亲当时显得非常情绪化，因为她的朋友死于癌症，这个人是母亲一生的挚友，现在他却和母亲以及这个世界永别了。她当时情绪之所以那样激动也是因为她害怕自己老去，然而真正使她如此恐惧的并非皱纹，而是离开她所热爱的这一切。

在生活中母亲是一个坚强的人，她意志顽强，头脑清醒，做起事来目的明确。就像很多人描述的那样，她是一个外柔内刚的人。她生命中的最后12个年头，一直与罗伯特·沃尔德斯在一起生活。他们非常有共同语言，虽然偶尔也会发生一点儿小紧张和小争吵，但是那么多年一直一起为联合国儿童基金会工作，两个人共同用真诚和时间搭建起来的相濡以沫足以使彼此能够相依到老。

就这样，艾文·拉纳一直鼓励母亲写一本自传，不需要过于繁复的文学手法，就像她在接受电视采访时那样，自然地把发生在自己身上的故事写出来。然而母亲是一个苛刻而贪婪的读者，她觉得只有在读到那些内容丰富的优秀作品时，阅读的兴致才能够得到满足，她也因此非常崇拜那些写出这些好作品的伟大作家。也正因为这样，她把写作看得很神圣，她总是担心自己写出来的东西会是一些毫无意义的小玩意儿，因此迟迟不愿意动笔。每当我们在餐桌上提起艾文·拉纳最后一次送来的那份合同时，母亲总是说，大家都知道她的生活非常平淡，而编辑们总是要求她再多加点儿料，写一点儿"某些人的某些事情"来增加自传的可读性，这些都让她难以接受。母亲很在意自己的私生活，只要一有机会，她就会从好莱坞的

上：灿烂的小奥黛丽，20世纪30年代。家庭照

中：5岁的奥黛丽与父亲，1934年9月30日。她很难想象，就在这之后不久，在那个美丽的夏末的日子，父亲却从她的生活中消失了。父亲再次出现已经是20年后的事情。家庭照

下：奥黛丽与洋娃娃在一起，1938年5月8日。家庭照

上左：奥黛丽于布鲁塞尔，1932年8月。我们现在还有几把这样的18世纪时荷兰的手绘椅子。家庭照

上中：奥黛丽与姨妈梅亚塞（Miesje），20世纪30年代末。家庭照

上右：因为凳子上的字是法语，所以我斗胆说，这张照片摄于比利时的布鲁塞尔，奥黛丽的出生地。家庭照

右页：奥黛丽在1937年。每当我看见这些孩提时代的照片，我祈祷她那时过着轻松、阳光的日子——海滩边的天籁、脚趾间温暖的沙子，这些愉快的记忆的确成为我们生活的基调。家庭照

"the Beach"
'37

镁光灯中逃逸到瑞士的家。在这里她可以享受自己最喜欢的简单生活，做一个平平凡凡的普通人。瑞士是一个和平宁静的中立国家，600多年来从未受到过战争侵袭，而这一点对曾经饱受战争创伤的母亲来说尤其重要。然而，在得知瑞士政府在战争期间冻结了大量犹太人的资产，很多瑞士公司在战争期间为第三帝国制造特种钢铁制品，瑞士政府明明知道犹太人回到自己国家之后的命运，还是毅然决然地从边境线上遣返了成千上万的犹太人之后，她对瑞士的印象也发生了改变。如果这被称作中立的话，那么为此付出的代价是何等残忍啊！这似乎也证明了，在这个世界上，真正的、完完全全的中立根本就不存在。

右页：奥黛丽与她的兄弟玩着"看手势，猜字谜"的游戏。这是她以后从事表演的一个征兆吗？家庭照

左：罗马附近的机场，1937年。这张照片令我想起奥黛丽常给我讲的有关外祖父的事情。外祖父天分颇高，多与工作无关。他是个熟练的骑手，会说13种语言，还会驾驶滑翔机。奥黛丽有关她父亲的记忆不多，但说起与他去滑翔，听风的呼啸声，享受飞行的感觉，仿佛历历在目。家庭照

右上：罗马附近的Fregene，1938年7月。Fregene是海边一处松树林，一个很可爱的地方。奥黛丽也许只有在战争结束后的几年里才能重返意大利。我记得我们在罗马生活时，常常在星期天和安德烈亚·多蒂一起去吃午饭。家庭照

右下：奥黛丽在其家族聚会上，1939年。家庭照

上：奥黛丽的铅笔画——母亲，1944年

二：奥黛丽儿时的绘画作品，作于20世纪40年代

右页：这是一幅签有"A.H"的画作，1944年。那时，奥黛丽的父亲已经改了名字。这幅画反映了奥黛丽儿时单纯的梦想

08 H 194

上、右页：奥黛丽儿时的绘画作品，作于20世纪40年代

with my mother — the war 1942

左上：慈善音乐会Tableau Vivant的演出照—— 一种着戏装的无声表演，演员摆出一个个的造型，形成一幅幅的画面，于荷兰的阿纳姆，1940年1月29日。奥黛丽在荷兰沦陷区参加了几场名为"振奋精神"的义演，暗地里为反法西斯组织筹款。曼侬·凡·萨驰特伦拍摄。奥黛丽·赫本个人藏品

左中：Tableau Vivant音乐会，于荷兰的阿纳姆，1940年1月29日。奥黛丽，左起第二位。我的祖母也出现在剧中（右起第二位）。家庭照

左下：1941年11月11日，音乐会海报

右：奥黛丽和她的母亲，1942年。这张照片清楚证明了人类精神的达观：无论环境如何严酷，人们总是努力地活着。家庭照

上左、上右：奥黛丽，20世纪40年代，可能摄于战后。他们曾经迁回英格兰

下左：奥黛丽，大约1947年

下右：少女时期的奥黛丽

前页：二战后所摄第一批照片中的一张，1946年。家庭照

记忆的深处，
是天使在飞舞。

第 二 章 CHAPTER 2　　　　　　回　　忆

感觉和情绪

"我记得……" 很多的传记都是这样开头的。然而事实上很少有人能够真正理解这三个简单的字下面隐藏了多少情感。只要我一闭上眼睛,往事就如同游龙一般把我带进遥远的回忆旋涡之中……

我记得那熟悉的、柔和清新的味道,每当我打开那个装满了母亲衣服的旧箱子时,这种味道就会紧紧将我包围。在它们的簇拥下,我回想起她温柔

前页:罗伯特(奥黛丽的第三任丈夫)游说我母亲将她的长发绾成一个发髻。这最后一张专业的肖像尤其令我感动。那些照片确实捕捉到了她生命中此刻的精神和状态。纽约,1991年。时装摄影师史蒂文·迈泽尔拍摄

的双手和一次次有力的拥抱，每当她想告诉我她有多爱我的时候，她都会紧紧地把我搂在怀里，这让我能够感受到她对我的爱有多深，有多重。

我记得她长长的头发，还有赤裸的双足，当我还是一个满地爬的婴孩时，每次当她坐在那儿为出席某个晚宴或者鸡尾酒会梳妆打扮时，我就会匍匐在她的脚边，像小狗一样舔她的脚。每当那个时候，她就会停下来，慈爱地看着我，对我呢喃道："哦，亲爱的，要是能跟你一起待在家里多好啊，我宁愿我们在厨房里吃那些残羹冷炙。"

下：我记得在这张照片里，我母亲全身着西班牙马术装。那一刻，他们也让我乔装一番，然后，拍了一组照片。摄影者未知。奥黛丽·赫本个人藏品

我记得那些漂亮的晚礼服，从纪梵希到瓦伦蒂诺，冬天的双排扣大衣，20世纪70年代流行的方头皮靴，夏天的纯棉长裤和休闲T恤，还有早晨在家时经常穿的芭蕾舞拖鞋和长裙。

我记得上学的时候，每次考试前夕她比我更紧张。每天她会在睡觉前给我做测验，第二天起床之后再考我一次，即便这样会使她的身体很疲乏，她也一直坚持，乐此不疲。

我记得当我拿着不错的成绩单回家时，她兴高采烈的样子。虽然心里在表扬我，肯定我，但是嘴上还是会说："嗯，还是有待提高，继续努力。"

我记得那些周末狂欢夜，当关了灯之后，我们会躺在床上聊天，一直聊到有人先睡着为止。我们无所不谈，从现在到未来，从对事情的看法和感受到人生的理想和目标，从身边的人到与所有人有关的事，在黑暗中聊天感觉是那样特别，就像是两个人的灵魂在交流。

我记得所有的一切：感觉和情绪，这是占据母亲整个内心世界的两样东西。然而，事实上，母亲的感觉和情绪从来没有平和过。有人曾说过：感觉直接影响我们的行为，而情绪会作用于我们的反应。从这个角度来说，感觉更加深入一些。感觉和情绪会同时支撑我们有一个更加健康的身心系统。当然，母亲给所有人的印象都很好，然而她无法控制自己内心深处真实的情绪，而使自己平静下来。长期以来她心里面真正的感受是不同程度的恐惧和不安。幼年时被父亲遗弃而造成的伤害从来没有真正治愈过，她也因此从来不相信会有真正永恒不变的爱。

奥黛丽·赫本食谱

  我经常看到她在厨房里专心致志地准备各种美味的食物。母亲对待任何一件事都竭尽所能地去做到最好，只有这样才能够让她感到满足，感到幸福，感到美好。

  经常有人问我：她真的那么瘦吗？她是怎么做到的？她的塑身秘诀是什么？事实上要说秘诀，母亲倒是有一个：二战期间她一直处于饥饿状态，导致营养不良，与此同时她还一直学习芭蕾舞。她的饮食习惯很简单，没有刻意地节食，食量也和普通人一样。她非常喜欢意大利面，差不多每天都吃，但是她从来不在吃意大利面的时候搭配高蛋白的食物。那个年代，人们还不知道什么健康食谱和科学配餐，她这个吃法只是依照自己的口味。吃意大利面的时候，她喜欢配沙拉，不过不管食物多么诱人，她每次只吃一份，从不纵容自己的食欲。

随着年龄的增长，母亲吃得越来越少，不过她并不是素食主义者。出于人道，她不吃小牛肉，但是她会吃少量的成年牛的肉、鸡肉和鱼肉。母亲的厨艺堪称精湛。她很看重食材的色彩搭配以及与所使用的餐具之间的结合，她认为这与食物本身的味道同样重要。"如果整个盘子里都是一种颜色的东西，那吃东西的人一定感觉很单调、很无趣，而且那样的食物味道和营养价值可能也都不会很好。"因此，母亲自创了很多健康又美味的食谱，不仅颜色上的搭配很漂亮，口味也非常棒，每次我们都会吃得精光。

不夸张地说，番茄汁意大利面是母亲的最爱。她几乎每天都吃意大利面，各种各样的，几乎不会重复，而她每星期必吃的是番茄汁意大利面。做这道菜的时候，正宗的番茄酱是母亲的首选，这不能算是母亲的独创，但是母亲综合很多种做法，并在原有基础上做了很多改良，也算是奥黛丽的私房菜了。通常我们看到的做法是"在平底锅上倒入一定量的特级初榨橄榄油，先把洋葱或者大蒜煎了，之后放入香草，再加入番茄沙司，最后将做好的酱汁浇在煮好的面条上"。相比之下母亲的做法显得有点儿繁复，但是吃起来会比这种更健康也更可口。其实也很简单，一旦准备工作就绪了，剩下的就很容易了。

番茄汁意大利面

洋葱一个，大蒜两瓣，胡萝卜两根，芹菜两棵，全部切丁，放在一个盆里。加入两罐意大利番茄酱，或者将两个罗马西红柿细细切碎放进去。取一把新鲜的罗勒叶，分出一半加入，剩下的一半备用。倒入适量橄榄油。用小火慢慢煨45分钟，然后关火，至少放置15分钟。将一盒意大利面条煮熟，注意不要煮得太烂，这样面条才有嚼劲儿。煮好后的面条盛放在盘子里，在面条上撒上帕尔马乳酪和剩下的半把罗勒叶，最后浇上炖好的番茄汁。一道既好看又好吃的番茄汁意大利面就做好了。

可能看上去这样的意大利面酱汁太多，不过母亲要的就是这个效果，她喜欢让意大利面在酱汁里游泳。如果当天没能吃完，剩下的可以用平底锅开小火加热继续食用，不过很少有这样的时候，这样的美味基本上都会在第一顿就被一扫而光。

母亲曾经跟我们说过，意大利餐的秘诀就是食材新鲜。每一种食材都是在短时间内准备好的。而法国餐则不同，它是为皇亲贵族设计的，准备工作往往非常讲究过程和排场，最后只能用大量的酱料和沙司来掩盖食材不新鲜的缺陷。母亲说意大利菜源于田园。有人认为意大利餐就是在食物上覆盖上厚厚的番茄酱和融化的乳酪，这是非常错误的。事实上，意大利餐是世界上品种最丰富的菜系之一。在很多地区，有很多特色菜绝不会出现在方圆20英里以外的任何地方。

上面这个食谱是传统的做法，另外母亲有她自己独家用来给意大利面调味的香蒜沙司的配方，我们称之为"奥黛丽香蒜沙司"，基料通常为经过研磨的罗勒叶、大蒜、松仁、帕尔马干酪，以及橄榄油。与其他沙司相比，奥黛丽香蒜沙司含水量更大，口感更加清爽。

奥黛丽香蒜沙司

将一大把意大利芹菜和罗勒叶洗干净，放入搅拌机中打碎。然后依据个人口味加入大蒜、一杯低脂牛奶、适量橄榄油和帕尔马干酪，上下翻动，搅拌成糊状，呈奶油色。最后再加入一点儿牛奶，使整个沙司充分搅拌均匀，呈现出更加柔和的奶油色，这样"奥黛丽香蒜沙司"就做好了。

为了让这顿饭更加完美，母亲通常还会配上一些蔬菜沙拉以佐餐。她把制作她最喜欢的酱汁的关键秘诀告诉了她的好朋友康妮，是这样的：

90%的米酒醋的混合体，10%的橄榄油，再加入少许低钠酱油和一些新鲜胡椒。

母亲从来不吃快餐食品，不过她并不拒绝甜品，而且要够甜。她喜欢在吃香草冰激凌的时候，从上面浇上一些槭树口味的糖浆，让它从顶端慢慢地流淌，直到包裹了整个冰激凌。由于经常在早上很早就被电话铃声吵醒，以及长时间的电影拍摄，母亲养成了午睡的习惯，每次午睡之后母亲都会吃一整块巧克力，整整一大块！母亲说，巧克力能驱走忧郁，让人愉悦。

上：和好友康妮·沃尔德（Connie Wald）在贝弗利山"远离家的家"里，大约1980年。家庭照

关于好身材的建议

母亲有每天到户外散步的习惯。在罗马，停车位非常难找，而且交通状况也很糟糕，所以不管去哪儿，母亲都是步行。回到瑞士之后，每天晚饭后她都会带着狗在我们家后院的葡萄园里慢跑一会儿。

还有一个秘密：其实母亲并不像看起来那么瘦，她经常说自己是"假瘦"。她的上半身，尤其是胸部，和一般人比确实偏瘦，还有腰也很纤细。由于婴儿时期不慎患上了百日咳，加上二战期间长期忍饥挨饿导致的营养不良，母亲在很年轻的时候就患上了哮喘，致使她的肺留下了病根，一直比较脆弱，这些都影响了她的正常发育。她们那个年代，绝大多数舞蹈演员都吸烟，母亲也不例外，所以她的肺部很不好，每次体检医生都会提醒母亲注意肺气肿。不过芭蕾舞训练也有一个好处，就是对体形塑造很有帮助。母亲虽然上半身比较瘦弱，但是她的手臂和腿属于运动型的，因而，从整体上看她身材还是很匀称的。

所以说，如果你想拥有好身材，最简单的办法就是：在战争期间成长，在童年时代遭遇饥荒，而且每天都进行锻炼。然后成年以后保持良好的饮食习惯，合理食用配比科学的各种食物，并且保持心情愉快。我想说的是什么呢？换句话说也就是，如果我们不让孩子吃太多的高脂肪和高糖类的食物，他们今后的生活就会变得更加轻松惬意。这也是母亲在她为联合国儿童基金会工作时力挺母乳喂养的原因。

左页：战争期间的芭蕾课。尽管没多少东西可吃，奥黛丽仍然继续学习芭蕾。值得留意的是，窗子关闭了，以防止光线外泄而成为轰炸的目标。大约1944年。阿诺德·布韦拍摄。奥黛丽·赫本个人藏品

上：芭蕾之于奥黛丽的影响极大。然而，她的装束也预示了一些别的东西。这大概是其主演的电影《双姝艳》的宣传照。奥黛丽·赫本个人藏品

梦想芭蕾

　　母亲的梦想是成为芭蕾舞团的首席女演员。她很小的时候就开始学习芭蕾舞，即便是在战争时期也没有中断过。战争一结束，母亲就回到伦敦继续跟随玛丽·兰伯特学习，那时候玛丽是世界上最著名的芭蕾舞老师之一，与尼金斯基共事。有一天，母亲找到玛丽，问她如果自己继续训练，提高技艺，有没有机会成为一名首席女演员。玛丽非常和蔼地回答说："你是我最好的学生之一，但是你只

右页上、右页下右：奥黛丽早年在电影《双妹艳》（1952年上映）中获演一个角色，主演是塞尔日·雷贾尼（Serge Reggiani）和瓦伦蒂娜·科特斯（Valentina Cortese）。奥黛丽·赫本个人藏品

右页下左：二战期间，奥黛丽跳舞的镜头，1942年。曼侬·凡·萨驰特伦拍摄。奥黛丽·赫本个人藏品

能成为一名二流芭蕾舞演员，你可以选择一种更稳定的职业，那就是在我的芭蕾舞学校里当老师，这样你会生活得更好些。"

"但是我的梦想怎么办？"老师的话如晴天霹雳般，让年轻的奥黛丽忍不住尖叫起来。无论她在训练中付出多大的努力，对于一个舞者来说，最重要、最关键的时期已经错过了，而且是不可挽回的。战争使她历尽艰辛，长期的营养匮乏严重影响了她肌肉组织的成长和发育。另外，对于当时的男演员来说，母亲显得太高了。那个时代的男芭蕾舞演员身材普遍比较矮小，在与她搭档时，都没有力量完成基本的托举动作。

与那些在战争期间可以维持正常生活，也能照常接受芭蕾舞教育的女孩相比，母亲确实没有竞争性。可以说是战争偷走了她的梦想。她回忆说，那天她回到宿舍后，真想去死。那个支撑她在战乱和饥饿中充满希望地活下去的擎天柱顷刻间倒塌了。

母亲没有再去问别人的意见。她就是这样一个人，她要是认准了一个人，那么对于这个人提供的意见也就深信不疑。她听从玛丽·兰伯特的教诲，自己也领悟到很多。母亲说她很喜欢玛丽，她们一直保持着朋友关系。但是不管怎样，梦想已经破灭了，而生活还得继续，她还要想办法谋生。如果不跳芭蕾舞了，如果不能成为最出色的舞者，那么她会努力成为其他领域中最出色的人。但是她需要先找到一个营生安顿下来之后再想其他的事，她先后做过模特，当过演员。从那时起，母亲开始了她的演艺生涯。

演艺之路

　　母亲说法国著名作家科莱特是她的伯乐，引导她走上了演艺道路。没错，所有的演员在最开始的时候都需要一个赏识你的伯乐，给你创造一个展现才华的机会。在遇到科莱特之前，母亲只是在几个名不见经传的英国电影中扮演几个小角色，诸如《薰衣草山的暴徒》和《双姝艳》等。那时母亲的知名度并不高。后来赶上母亲正在拍一部轻松的音乐喜剧《蒙特卡罗宝贝》，当剧组来到法国南部拍摄时，科莱特在酒店休息的时候，正好看见他们正在外面的沙滩上拍电影。科莱特当时正准备在好莱坞推出自己的舞台剧《姬姬》（里面的女主角叫姬姬）。当她看到眼前这

右页：《姬姬》剧照，1951年。弗雷德·费尔（Fred Fehl）拍摄。表演艺术收藏机构、人文科学研究中心和位于奥斯汀的得克萨斯州立大学授权许可发表于本书

左：奥黛丽和她母亲在伦敦，大约1949年。她们曾经回到过英格兰。那时我母亲主演一些针砭时事的音乐喜剧。而我外祖母则打打零工，获取很少的薪资以贴补我母亲。她做过她们住处大楼的看门人，每周清洗一次楼梯，并做一些定期维护工作。拍照者不详。奥黛丽·赫本个人藏品

右上、右下右：奥黛丽在酒店表演歌舞的日子，伦敦，与马塞尔·乐·博恩（Marcel Le Bon）在一起，大约1949年。那时，她不再是一个舞者，也非一个女演员。她陷入了一种痛苦的境地。当时她20岁。奥黛丽·赫本个人藏品

右下左：音乐剧《Sauce Tartare》（鞑靼酱）节目单，1949年。在被告知不可能成为芭蕾舞团的首席女演员之后，奥黛丽立刻出演了系列音乐滑稽剧。演出非常成功，还造就了被称为"Sauce Piquante"（开胃酱）系列费多（Feydeau）风格的音乐喜剧。奥黛丽·赫本个人藏品

左页：大约1949年。安东尼·比彻姆拍摄。奥黛丽·赫本个人藏品

上左：伦敦，1948年。诺艾勒·梅恩（Noel Mayne）拍摄。奥黛丽·赫本个人藏品

上右：伦敦，二战后。她也许仍在渴望成为一名舞蹈家。拍照者不详。奥黛丽·赫本个人藏品

左页：伦敦，大约1948年。诺艾勒·梅恩拍摄。奥黛丽·赫本个人藏品

上：科莱特夫人（Colette，法国女作家）和我母亲，大约1950年。拍照者不详。奥黛丽·赫本个人藏品

上：《姬姬》剧照。理查德·埃夫登拍摄。我母亲1951年第一次赴美在百老汇主演《姬姬》一剧。她常常讲述这样的故事："我来到美国首先看到的是自由女神像，第二个是……呵呵……摄影师理查德·埃夫登。"

Hepburn
... and
Hepburn

Audrey Hepburn is a virtual Miss United Nations, half-Dutch, half-Irish, Belgian-born, a new star in England and America.

Few pleasures are greater than that of gazing at the stars — both those in the night sky and in our own man-made heavens of the theatre and the cinema.

I have devoted many hours to this dreamy pursuit, some of the most delightful recently to the inspection of a new but very brilliant star that bears a classic name—Hepburn.

I am speaking of Audrey Hepburn, whom I discovered in Monte Carlo and who now, only a year later, is lighting up the American sky in two glittering roles—one in a Broadway play, "Gigi," and the other in a moving picture, "Monte Carlo Baby."

It is unheard of in astronomical circles to have two stars of the same name, for astronomers, despite their constant mooning, are orderly folk. When they call something something, then nothing else may be called the same. In the theatre it is different, particularly where the Irish are concerned. And the Irish were very much concerned in the case of Audrey Hepburn. Her father was one of that charming, unpredictable race.

He did not know that he was be-

getting a star, poor man. And I a[m] sure that when the knowledge final[ly] began to dawn on him his la[st] thought was to change the name h[e] had given her simply because the[re] already happened to be a fixed sta[r] also named Hepburn.

I personally never have encoun[n]tered the other Hepburn, Katharin[e] The Great, but she flew over m[y] country, France, about the same tim[e] I was discovering her namesake. Sh[e] was on her way south to make [a] picture called, "The African Queen[.]" I hear that it is a fine picture an[d] that in it she proves herself a grea[t] actress by dispensing with make-u[p] and other aids to luminosity, whic[h] lesser lights find necessary.

So now American stargazers wi[ll] behold two shining Hepburns—Aud[-] rey and Katie—who are unrelate[d] and never even have met, but whos[e] names are being emblazoned simu[l-] taneously on theatre marquees.

I did not need a telescope to dis[-] cover my Hepburn. It happened on[e] day in Monte Carlo. She was ther[e] with a group of cinema people, le[d] by Ray Ventura, the European o[ne]

右：科莱特夫人写的这篇文章发表于《美国周刊》，1952年3月23日。经科莱特夫人遗产继承人和《美国周刊》许可发表于本书

In "The African Queen" Katharine doesn't need make-up to shine brilliantly and between scenes she's human enough to clown with a "no hands" bike ride.

By Colette

TRANSLATED FROM AN ARTICLE WRITTEN EXCLUSIVELY FOR THE AMERICAN WEEKLY BY THE WORLD-FAMOUS FRENCH AUTHOR

chestra leader and producer. They were making two versions of one film, the first in French, called "We'll Go to Monte Carlo," and the other in English, "Monte Carlo Baby" (the latter is being shown in the United States now).

Audrey was the only member of the cast to play in both, and the moment I saw her I could not take my eyes away. "There," I said to myself incredulously, "is Gigi!"

A novel of mine, which had just been turned into a play by Anita Loos, "Gigi," tells the story of a French gamine, and all of us, Anita, Gilbert Miller, the producer, and I were searching for someone to play the leading role.

What author ever expects to see one of his brain-children appear suddenly in the flesh? Not I, and yet, here it was! This unknown young woman, English, I guessed, was my own thoroughly French Gigi come alive! That afternoon I offered her the part in the Broadway play.

What it takes to make a celestial star I do not know, but no first-rate human star of my acquaintance has been formed without suffering. Although 21 when I met her, Audrey already had this qualification. She had acquired it as a child.

Born in Brussels of a Dutch mother and Irish father, she was living in England when World War II broke out. But England seemed unsafe, so her mother took her home, to Holland, which, of course, turned out to be even less safe. She

was 10 then, an impressionable age, just right for obtaining the maximum effect from bursting bombs and scenes of cruelty.

It was a hard, hunted life. One of her two brothers was seized and carried off to a Nazi labor camp. She distributed food for the Underground and carried parcels to hidden allied pilots. Once, when the Germans were rounding up women to run their military kitchens, she was picked off the street with a dozen others, but escaped.

After the liberation she and her mother were assigned to a rest home for soldiers, where they began to eat regularly again. On her first day of freedom a Dutch officer gave her five chocolate bars which she gorged and which made her violently ill.

Following two years of ballet study in Amsterdam, she returned to England and soon pirouetted her way into musical shows. Then came bit parts on the stage and in pictures, ending in Monte Carlo.

Now, as Gigi, and with her movie out at the same time, she is, as the astronomers say, "in the ascendant." When she finds her final place in the firmament, there will be two great fixed stars named Hepburn, to the confusion of astronomers but to the delight of ordinary theatre-goers. Then, perhaps, secure in the heavens, Audrey too, like Katharine, may dare some day to lay aside her make-up.

When Colette saw Audrey acting in the movie "Monte Carlo Baby" (above) she found "Gigi."

上：《姬姬》一剧的广告招牌，百老汇，纽约，1951年。家庭照

左页：我母亲第一次来美国出演《姬姬》一剧后，摄影师理查德·埃夫登把吉恩·摩尔（Gene Moore）介绍给了她。吉恩·摩尔当时正在寻找模特作为服装人体模型的设计基础。这幅肖像就是他制作时装模特影集的成果。此后35年来，吉恩·摩尔一直从事蒂凡尼橱窗的设计工作。奥黛丽·赫本个人藏品

以下节选自《我的蒂凡尼时光》，吉恩·摩尔

"1951年，在法国利维拉'蔚蓝海岸'（riviera）的某一个地方，法国小说家科莱特夫人遇见了一位名叫奥黛丽·赫本的女演员。她马上强烈地预感到，赫本可以在百老汇即将上演的她的《姬姬》中担纲主角。这样，奥黛丽来到了纽约。摄影师理查德·埃夫登为时尚杂志《时尚芭莎》（Harper's Bazaar）拍下了她。我也看到了这张照片。我托埃夫登找到奥黛丽，向她询问是否愿意当时装模特，并最终在亚历山大工作室拍摄了她。她如此娇柔、美丽、光彩照人，是理想的科莱特夫人系列剧的女主人公。并且，她很高，比我还高。我们成了朋友。以后为了她的第一部电影——派拉蒙公司的《罗马假日》的宣传之用，她使用了我拍的这些照片。"

上：电影《甜姐儿》（*Funny Face*）剧照。比尔·艾弗里（Bill Avery）拍摄

右页：弗雷德·阿斯泰尔（Fred Astaire，电影《甜姐儿》里奥黛丽的合作演员）的题字："两个'疲劳'的舞者。成功了吗？"家庭照

个清纯骨感的女孩正在为自己尚处于萌芽状态的事业而努力奋斗时，禁不住兴奋得大叫起来："我找到姬姬了！找到了！"

科莱特是一个天才。她的伟大不仅表现在她作品中流露出的才华和思想，另外她对母亲此后不同寻常生活的预测也奇迹般地灵验了。

经常有人问我：你最喜欢你母亲的哪部电影？记得那些年，每当我看《甜姐儿》的时候，就乐得口水直流。这是母亲和弗雷德·阿斯泰尔主演的一部歌舞片。在这部电影里，母亲扮演了一名在巴黎一个存在主义者俱乐部里的前卫舞者，她的表演非常成功。从那时起，母亲的演艺事业也插上了翅膀，像旋转的舞者一样，张开双臂扶摇直上。

上、右页：电影《甜姐儿》剧照。母亲去世以来，我在许多采访中常常被问到，我最喜欢她的哪一部电影。我真的不能回答这个问题。因为，如果认为我能够充分客观地挑出我的最爱，就太可笑了。但是，我一直尝试着给一个答案，说出那些我知道她曾经为之付出了个人情感的电影。电影《甜姐儿》就是其中一部。这部电影实现了她与弗雷德跳舞的梦想。毕竟多年来，又一次能够与她最初的挚爱——舞蹈相连，是一桩多么快乐的事情啊。"多年压抑的舞蹈旋风被释放了。"——弗雷德·阿斯泰尔。比尔·艾弗里拍摄

11520-71

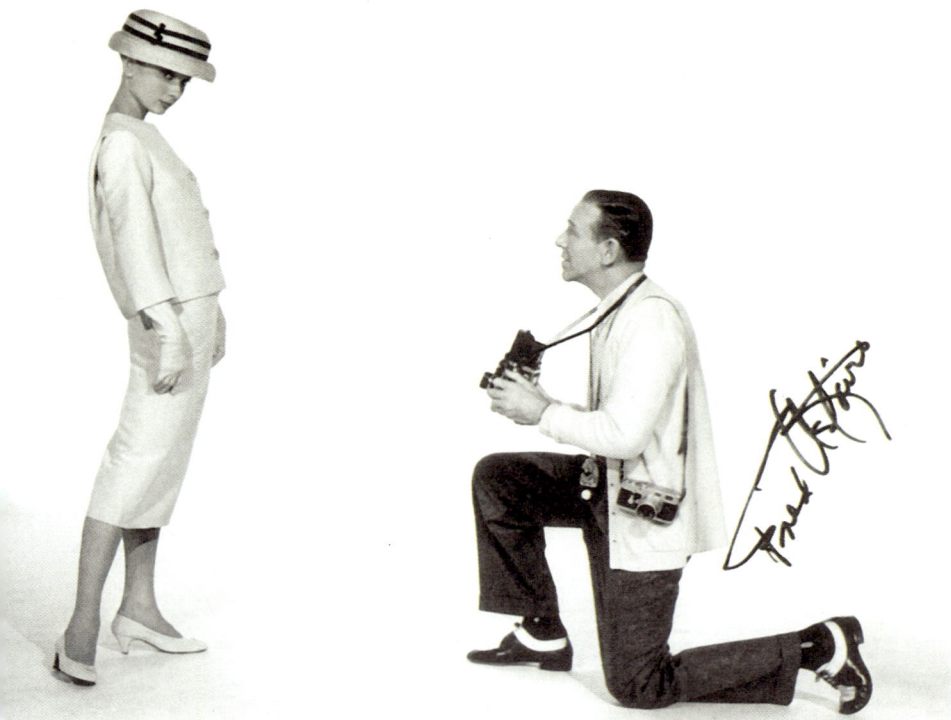

上、左页：电影《甜姐儿》剧照

上：《甜姐儿》拍摄现场。杰拉德·德考（Gerard DeCaux）拍摄。奥黛丽与导演斯坦利·多南（Stanley Donen），在位于巴黎大街的拍摄现场跳舞。奥黛丽·赫本个人藏品

下：《甜姐儿》拍摄现场。杰拉德·德考拍摄。奥黛丽与弗雷德·阿斯泰尔在拍摄现场。奥黛丽·赫本个人藏品

　　下面是弗雷德在与母亲合作拍摄电影《甜姐儿》后对母亲的一些看法。①

　　我喜欢这部电影，我更喜欢奥黛丽。我可以断言，她是你能够遇见的最可爱的人之一，能够与她一起工作实在太荣幸了。所以工作中发生的一切都让我非常享受，有意义的事情真的太多了。她跟我说过，她曾经是一名舞蹈演员，但是当我们合作的时候，她已经很长时间没跳舞了。奥黛丽特地问我，想不想和她一起拍摄这部电影。显然，之前我从没拍过这种类型的电影，所以这件事我想都没想过，不可能有这样的机会，你知道，本来这个角色，导演也没打算找我演。就这样，剧组的人找到奥黛丽时，她说："好吧，如果你们请到弗雷德，我就出演。"你知道吗？这对我来说

---

① 摘自《弗雷德·阿斯泰尔回忆录》（1971年7月），第30～33页，在哥伦比亚大学口述历史收藏中。

是莫大的荣幸和赞赏。在此之前我真的从来没想过要在这部电影中担任角色，但是当我得知奥黛丽点名要我的时候，我非常激动地说：我当然希望能够得到这个角色。接下来的问题是，我们是在伦敦拍这部戏，还是在别的地方。你看，制片人罗杰想在伦敦拍，可是奥黛丽似乎并不想那样，具体怎么回事我也不清楚，我没有什么意见。最后这部片子是在派拉蒙的摄影基地完成的。当时我对她说："你选择在哪儿拍，我们就在哪儿拍，我支持你。"我们合作得非常愉快。影片的一部分是在巴黎拍摄的，对我来说这是一段美好的回忆。

"我们过关了！"这是她的名言。

影片中有一段舞蹈戏，主题是"她爱他，他也爱她"，我想着就是那个曲子所要表达的。这段舞蹈需要在巴黎郊区一片美丽的草地上拍摄，但是自从我们到那儿，就一直下雨，草地泥泞不堪，就这样我们足足等了两个星期。最后，我们实在没法再等了，必须得拍了。我们都希望我们出去的时候雨停了，太阳出来了。到了拍摄的时候，果然阳光明媚，下了半个多月的大雨终于停了。不过草地还是很泥泞，这让拍摄工作变得异常困难。

这时小奥黛丽说："为了和弗雷德·阿斯泰尔一起跳舞我等了20年，怎么等来的是一身的泥巴？"这是我最喜欢的一句话，天啊！她真是太可爱了。

后来我们找了一块稍微干燥点儿的地方，剧务拿来很多照明用的灯烘烤地面，勉强可以了之后，赶紧开始拍摄，我们已经没时间了，等了这么长时间，不管怎么样都得拍了。那场戏其中有一个情节是在一个露天舞台上表演时装秀，这意味着必须是户外拍摄。正拍摄到一半的时候大雨又来了，导演斯坦利·多南还在不停地喊"拍下来拍下来"，我赶快找了一件雨衣披上，但是奥黛丽扮演一名模特，当时正在T型台上走秀，只能站在雨里，顷刻间大雨就打湿了她身上的衣服。最后斯坦利把这段意外拍摄的镜头放在了电影里，效果出奇地好。

她真的很棒。

我个人认为那次合作非常成功，那部电影里的很多场景我都非常喜欢，我想那是一部非常优秀的影片。

做演员是母亲的第二选择，也是一个自然之选。但她恪守的原则与跳芭蕾时是一样的：勤奋、守纪、敬业。

让我第一次彻底明白表演到底是怎么一回事的是一次学校组织的话剧表演。那时候我大约12岁，我在莫里哀的作品《心病者》中扮演一个角色。这个戏中角色本来没有病，但是由于长期研究臆想症，时间久了慢慢地对这种病产生了恐惧，而作为医生，他深知臆想症的症状，于是将这些症状对照自己，以为自己也患上了这种病。这部戏中有一大段独白，篇幅非常长，说起来也很拗口，对扮演这个角色的我来说是相当大的挑战。但这段内容正是这个戏最具喜感的经典片段之一。

为了演好这个角色我特意请教了母亲，她给我的建议是："要理解记忆，而不要死记硬背。首先你要明白这种疾病究竟是怎么回事，会对人造成怎样的伤害。"幸运的是，我弟弟卢卡的父亲安德烈亚·多蒂是个精神病学专家，我刨根问底地向他仔细询问了关于臆想症的所有问题以及这种病的发病原理。

但是当正式演出日益临近时，我越来越紧张，总觉得自己根本没有背会台词。"想知道我是怎么做的吗？"母亲显然看破了我的焦虑，"我会在睡觉前念一遍我的台词，然后第二天早晨，当我睁开眼睛之后再念一次。""就这样？"我问。母亲回答："就这样。"

于是演出前的四五天里，我每天都按照母亲说的那么做。正式表演是在露天舞台上进行的，那天母亲送我出门搭乘校车时对我说："当你刚上台的时候，会觉得自己什么都想不起来了，这是正常反应，我们每个人都是这样的。只要放松下来跟着节奏表演就行，什么问题都没有，千万别着急。"当然，她是正确的。我站在舞台上愣了约有一秒钟，随后所有的台词都出现在脑子里了，所有的感觉都来了，这真的很有意思。当演出结束的时候，我的室友们都在为我欢呼。我抬起头看见母亲站在远处的树荫下。后来她告诉我，其实她一直在偷偷地看我的演出，但是又怕影响到我，所以就站在角落里，静静地看着。

右页：奥黛丽，大约1949年。安东尼·比彻姆是最初为奥黛丽拍照的几个人之一。照片所呈现的风格和造型预示了奥黛丽演艺生涯的定位。安东尼当时娶了温斯顿·丘吉尔（Winston Churchill）的女儿莎拉·丘吉尔（Sarah Churchill）。他在伦敦一个剧院的合唱团里发现了我母亲，并想为她拍摄组照《新面孔》。奥黛丽立刻告诉他，她付不起这笔费用。安东尼叫她别担心——她无须付出什么。几年后在意大利，当奥黛丽能够为她出演的电影选择剧照摄影师时，显然，安东尼成为当然人选

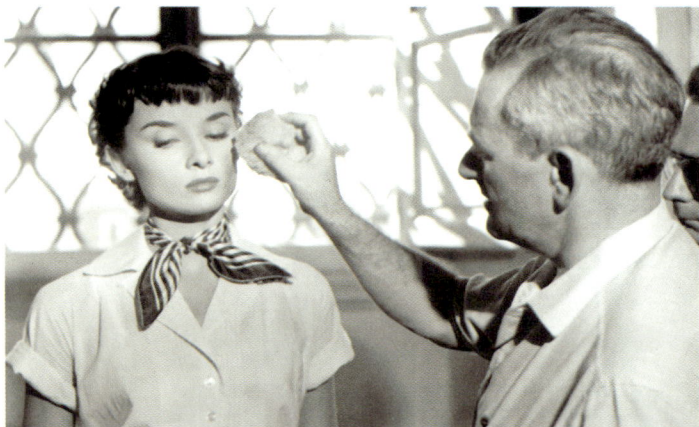

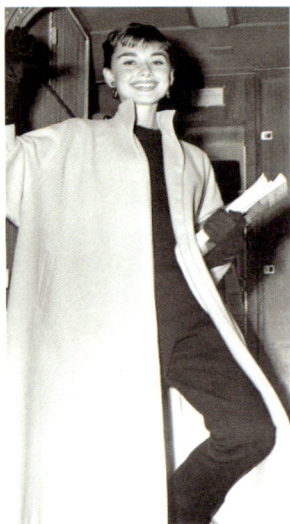

上：导演威廉·惠勒（William Wyler）为奥黛丽补妆

下左：《罗马假日》剧照，1952年，奥黛丽·赫本个人藏品

下右上：奥黛丽和导演威廉·惠勒在黄蜂牌小型摩托车上，位于罗马的街道

下右下：奥黛丽与格利高里·派克（Gregory Peck）在拍摄现场玩纸牌

左页：1953年左右，拍摄者不详，奥黛丽·赫本个人藏品

上：电影《修女传》拍摄现场，奥黛丽与她的化妆师阿尔贝托·德·罗西（Alberto de Rossi）。在《修女传》中，化妆痕迹并不重，但他还是让她随着影片的进展而留下了岁月的痕迹。皮耶路易吉（Pierluigi）拍摄

下：我父母与阿尔贝托·德·罗西及其妻格拉西亚（Grazia），《战争与和平》初次公演，1956年。阿尔贝托作为我母亲的化妆师，贯穿了她的整个演艺生涯。他的妻子是我母亲的发型师。阿尔贝托创造了"奥黛丽·赫本眼"的传奇。他用睫毛膏轻柔地处理睫毛，再用一种安全别针分离每根睫毛。我记得奥黛丽说过，当阿尔贝托去世时，她曾像失去兄弟一样痛哭，并且宁愿不再工作。我一直保留着那些与阿尔贝托踢足球的甜蜜记忆。格拉西亚仍生活在罗马郊外。我视她如我的家庭成员一般。拍摄者不详。奥黛丽·赫本个人藏品

右页：大约1953年。约翰·伊斯特德（John Engstead）拍摄

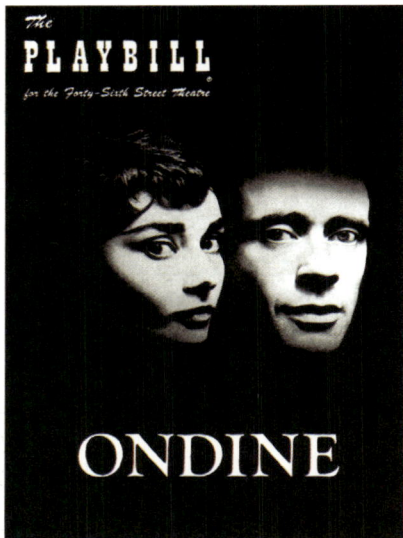

ACADEMY OF MOTION PICTURE ARTS AND SCIENCES

May 25, 1954

RECEIPT FOR ACADEMY AWARD STATUETTE

Excerpt from Academy By-Laws, Article VIII, Section 1, Paragraph (g):

"Every Award shall be conditioned upon the execution and delivery to the Academy by the recipient thereof of a Receipt and Agreement..."

Gentlemen:

I hereby acknowledge receipt from you of replica No. 718 of your copyrighted statuette, commonly known as "the Oscar", as an Award for Best Actress - "ROMAN HOLIDAY"

I acknowledge that my receipt of said replica does not entitle me to any right whatever in your copyright of said statuette and that only the physical replica itself shall belong to me. In consideration of your delivering said replica to me, I agree to comply with your rules and regulations respecting its use and not to sell or otherwise dispose of it, nor permit it to be sold or disposed of by operation of law, without first offering to sell it to you for the sum of $10.00. You shall have thirty days after any such offer is made to you within which to accept it. This agreement shall be binding not only on me, but also on my heirs, legatees, executors, administrators, Estate, successors and assigns. My legatees and heirs shall have the right to acquire said replica, if it becomes part of my Estate, subject to this agreement.

Audrey Hepburn

Any member of the Academy who has heretofore received any academy trophy shall be bound by the foregoing Receipt and Agreement with the same force and effect as though he had executed and delivered the same in consideration of receiving such trophy.

080

上左：给"美国电影艺术与科学学院"（AMPAS）的一份确认函。奥黛丽因《罗马假日》获奥斯卡最佳女主角奖，1954年

上右：百老汇关于舞台剧《Ondine》（又名《翁蒂娜》《美人鱼》）的节目单。这是我父亲的主意。尽管奥黛丽的电影生涯已经开始了，但她仍在表演戏剧。当奥黛丽的《罗马假日》杀青后，自罗马返回时，格利高里·派克让我父亲与之一起创作电影《La Jolla Playhouse》。"你应该见见这个姑娘。"这是他们第一次合作拍戏。奥黛丽为此赢得了托尼奖（Tony Awards）。同年，她因《罗马假日》获奥斯卡奖。"Playbill"是Playbill公司的注册商标，保留一切版权，经许可后在本书使用

右页：20世纪50年代中期。请留意陈列橱窗内地板上的那本杂志。奥黛丽正透过商场的橱窗观赏陈列物。无疑，橱窗设计者的时尚灵感就来自奥黛丽。拍摄者不详。奥黛丽·赫本个人藏品

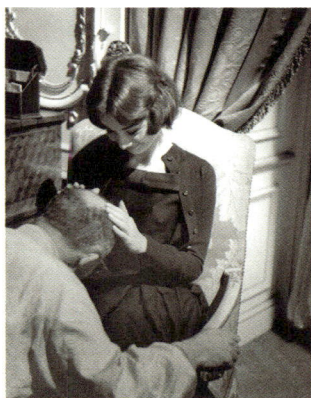

上：电影《战争与和平》剧照（3张）。于我而言，这是一部很有意义的电影。因为我父母在其中同场出演，分别饰安德烈与娜塔莎

下左：电影《黄昏之恋》拍摄现场，奥黛丽与导演比利·怀尔德（Billy Wilder）

下右：电影《黄昏之恋》拍摄现场，奥黛丽与加里·库珀（Gary Cooper）、比利·怀尔德及我父亲。Al St. Hilaire拍摄

左页：电影《龙凤配》剧照，与导演比利·怀尔德和搭档汉弗莱·博加特（Humphrey Bogart）在一起，1953年。我曾经问过奥黛丽有关"妖怪"（Bogie，汉弗莱绰号）的事情。她说他们相处得很好。但是她也感觉到并听到了一些有关评价她表演效果的传言——"妖怪"真的认为她并不十分适合当演员。我告诉她，那不公平。奥黛丽直视着我，称他也许说得有道理。这张照片显示他们在和比利·怀尔德聊天。当时的场景是拍摄网球场上难忘的一段舞蹈戏。奥黛丽·赫本个人藏品

电影《黄昏之恋》剧照，奥黛丽与加里·库珀，1957年。谈及库珀，我母亲常常怀着深情与尊敬。在银幕上，他确实是一个绅士。他们相当亲密。库珀先生1961年去世时，他妻子还把他的24克拉金质的Zippo牌打火机送给了我母亲。她把它当作我家的传家宝之一，珍爱着它

右页：奥黛丽与比利·怀尔德（左）、威廉·惠勒（右）在一起。怀尔德和惠勒，以及斯坦利·多南在我母亲的职业生涯里，可能是最重要和最具影响力的导演。她拍了惠勒的三部戏（《罗马假日》《双姝怨》《偷龙转凤》），以及怀尔德的两部戏（《龙凤配》《黄昏之恋》）。拍摄者不详。奥黛丽·赫本个人藏品

左：纽约城，电影《魂断梅耶林》排练期间，1957年2月5日。在国家电视台第一次做直播节目。与我父亲在拳击场嬉戏——与表演无关。拍摄者不详。奥黛丽·赫本个人藏品

下：与莫里斯·谢瓦利埃（Maurice Chevalier）在一起，1956年。他们在拍摄现场喝茶。莫里斯在电影中演我母亲的父亲。这张照片是给我外祖母的礼物。照片上的题字："阿里亚娜（Ariane，奥黛丽饰）的父亲莫里斯·谢瓦利埃致奥黛丽的母亲"。拍摄者不详。奥黛丽·赫本个人藏品

上左：与《绿厦》中的搭档安东尼·珀金斯（Anthony Perkins）、小鹿Pippin在一起

上右：与小鹿Pippin在家中。Pippin已经长大了许多。鲍勃·威洛比拍摄

下左：作为导演和明星的父母，在拍摄现场

下右：与詹姆斯·加纳（James Garner）在电影《双姝怨》拍摄现场消磨时间——紧张拍摄之余的一点点消遣

右页：电影《俪人行》剧照。导演是斯坦利·多南

上：1959年在电影《绿厦》前期制作期间。电影中那只鹿一直被养在家里，母亲非常喜欢它。1958年，我父母用这张照片做成了圣诞贺卡。鲍勃·威洛比拍摄

右页："葡萄园"，罗马城外，1955年。菲利普·哈尔斯曼拍摄。摄于电影《战争与和平》拍摄之初。这部电影主要是在罗马的Cinecitta（电影城）摄影棚和意大利外景地拍摄。拍摄期间，我父母在罗马租了几个月的房子

与梅尔在一起，在他的电影《太阳照样升起》外景拍摄场
地。拍摄者约翰·斯沃普和我父母以及《太阳照样升起》
的作者欧内斯特·海明威（Ernest Hemingway）的关系都
很密切。约翰也许只是拜访了那里，而非作为一个摄影师

094

上左：皮耶路易吉拍摄

上右：加利福尼亚某地，1957年。唐·奥尼茨拍摄

下左：电影《俪人行》拍摄期间，和我父亲在法国南部的码头，1965年。皮耶路易吉拍摄

下右：巡回演出，在荷兰，一次为荷兰战争幸存者的慈善演出。大约1954年。拍摄者不详。奥黛丽·赫本个人藏品

右页：罗马，1954年。拍摄者不详。奥黛丽·赫本个人藏品

上左：大约1954年。奥古斯托·地·吉奥范尼（Augusto Di Giovanni）拍摄

上中：电影《El Greco》（《格列柯传》）首映式。我父亲出演该部电影的主角，大约1966年。拍摄者不详。奥黛丽·赫本个人藏品

上右：1954年9月24日：我父母结婚的日子，在布尔根施托克（Burgenstock），瑞士。家庭照

左页：1956年奥斯卡金像奖：父亲和母亲。他们装扮一新，出席颁奖活动。比尔·艾弗里拍摄。

上：1956年。尤瑟夫·卡什拍摄

右页：我最喜欢的一张照片，大约1956年。拍摄者不详。奥黛丽·赫本个人藏品

每个人都一样，往事难忘，

提到过去就热泪盈眶，

回想我一路上走走唱唱，有时快乐，有时感伤，

可是我仍然带着深切的渴望……

第 三 章 CHAPTER 3

往事难忘

他人眼中的母亲

　　"一首优美动听的歌曲，不仅需要有寓意隽永的歌词，还需要有扣人心弦的旋律。"当我们还是小孩子的时候，母亲就教育我们说，"怎么说比说什么更重要。"

　　证明这句话的最好例子就是母亲在《蒂凡尼的早餐》中抱着吉他弹唱《月亮河》。母亲并不是专业的歌唱演员，她的嗓音也并不适合唱歌剧，也正是基于这个原因，她在后来出演《窈窕淑女》时，剧中所有歌曲都不是亲自演唱的，而是由马尔妮·

前左：影片《蒂凡尼的早餐》剧照，正在唱《月亮河》，1961年。歌曲创作者亨利·曼奇尼（Henry Mancini）和约翰尼·梅塞（Johnny Mercer）获奥斯卡最佳歌曲奖

前右：《甜姐儿》剧照。杰拉德·德考拍摄。奥黛丽·赫本个人藏品

尼克松配唱的。然而她的表演情感如此真挚，如此流畅，以至使"霍里坐在大楼的防火通道里弹唱《月亮河》"的一幕成为电影史上的经典片段。亨利·曼奇尼是母亲的好朋友，也是当时著名的作曲家，母亲出演的很多部电影中的原声音乐都是由曼奇尼创作的。20世纪70年代后期他曾在报纸上撰文，其间谈起过在电影音乐创作上，母亲给了他很多灵感。

对一名作曲家来说，仅仅因为一个人，因为她的容貌或者人格而被激发出创作灵感，这种情况是十分罕见的，但是奥黛丽·赫本真的做到了。她不仅仅激发我写出了《月亮河》，还有《谜中谜》和《俪人行》。如果你听过这些歌曲，你一定能够猜出我是从谁身上获取了创作灵感，因为在这些歌曲中都明显带有强烈的奥黛丽特质——一种淡淡的忧伤。通常在为电影谱写音乐之前，我都会完整地看一遍这部电影。但在创作这首曲子的时候，我只是看了剧本就知道该怎样来写这首歌了。当我第一次见到奥黛丽的时候，我就知道《月亮河》这首歌将会成为一首非常特别并且受欢迎的歌。我了解她的声音特点，我相信在她的演绎下，《月亮河》势必会散发出更加迷人的光芒。迄今为止，没有人比她更能够体会这首歌曲的含义以及旋律中所蕴含的感情，也没有人能够把这首歌曲表现得比她更传神。

接下来他描述了母亲在他们一起合作的另一部电影中的表演：

电影《谜中谜》中有这样一个场景：奥黛丽独自回到她的公寓，发现那个老男人拿走了她所有的东西，她像被遗弃的猫儿一样可怜巴巴地坐在一个行李箱上。就在那一瞬间，主题曲的前几串音符立刻就涌现在我脑海中，我也说不清这是什么原因。我真希望她能够回到我们这个圈子中来，拍摄更多的电影，因为她的银幕形象真的能够带给我很多灵感，让我源源不断地写出更多的音乐。

我一点都不否认，《月亮河》就是为她写的，没有人能够比她更彻底地理解这首歌，这个世界上可能有超过1000个人翻唱过这首歌，但毫无疑

问，奥黛丽的版本是最出色的。当我们一起看这部电影的小样时，派拉蒙公司的总裁也在场，当听到这首歌时，他说："有一点非常肯定，这首歌必须删掉。"当时奥黛丽像火箭一样从椅子上弹了起来。梅尔·费勒不得不用力按着她的胳膊让她平静下来。那是我最近距离看到奥黛丽情绪失控。

母亲到底是怎样的一个人？是什么造就了她在人们心中难以磨灭的形象？所有的这一切都无法用言语来形容。她究竟是如何对人们构成了如此深远的影响？又是如何扣动千万影迷心弦的呢？

塞西尔·比顿，一名才华横溢的摄影师，也是一名视觉形象师，曾经负责电影《窈窕淑女》总体人物造型设计。他曾经在1954年11

左页：大约1953年。塞西尔·比顿拍摄

月期的《时尚》杂志上撰写了一篇关于二战后欧洲的文章，其中由衷地对我的母亲大加褒奖。

　　凤凰涅槃之后浴火重生的神秘色彩总是让人印象深刻。在欧洲有这样一个传说，如果皇后在风华正茂的时候死去，那么她们还会以一个全新的躯体重生，并且会拥有迷人优雅的外表，还会受到万众的敬仰。尽管悲观主义者们预言，战后的欧洲再不可能出现符合理想主义者审美标准的女性形象，但是存在主义者心中的伽拉忒亚女神借助奥黛丽·赫本复活了。所有人都必须承认，奥黛丽·赫本的成功，源于她集中体现了所有的时代精神。从她身上能够看到法国人的浪漫和比利时人的坚韧，浓重的英国口音，显示了她非同寻常的贵族气质，而她的成功则完全是美国式的，她扎实的奋斗历程和迷人的个人魅力，完全可以称得上是这个崭新时代精神的最完美的代言人。在二战之前，我们似乎从来没有看到过像她这样的女人。除了法国大革命时期那些大踏步走在浪漫主义革命最前端的野孩子之外，即使有这样的人出现也会受到周遭人的质疑。奥黛丽·赫本成为大众的偶像是历史的必然，也是我们这个时代的需要，这一点从成千上万的人都在模仿奥黛丽上可以得到证明。大街上随处可见一些消瘦的女子，留着细碎的短发，面色苍白，然而这样看起来就像奥黛丽了吗？当然不是，她们并没有模仿到偶像的精髓。奥黛丽·赫本的眼睛大而深邃，深色的眉毛仿佛东方人的一样。她的容貌看起来漂亮的同时，更颇具个性：她的鼻梁相对于长度而言显得略窄，圆形的鼻头配上两个鸭嘴兽般的鼻孔，她的嘴巴有点儿大，下嘴唇中间的凹隙太过于明显，这与古典的审美规范相背离。她的下巴虽然很精致，但是与她略显夸张的宽大下颌骨并不匹配。从

整体上来看，她的脸似乎太过棱角分明了。然而在她独特的气质衬托下，所有的这些缺点都荡然无存了。如同意大利画家莫迪里阿尼笔下的人物画一样，线条上各种夸张的扭曲不仅使画面变得更加生动有趣，而且也从整体上塑造了一个极致的完美形象。

一张孩子般纯真的面容下，是优雅颀长的脖子，她的颈背总是挺得笔直，使她看上去要比实际身高更加高挑。这并不是天生的，而是长期进行芭蕾舞训练的结果。尽管战争使她错过了成为一名芭蕾舞演员的黄金期，但是多年刻苦执着的练习在她身上镌刻下了那种独特的高雅气质。事实上，她很感恩于学习芭蕾的那段经历，没有它，她就不会拥有如此与众不同的特质，这种特质不单单依存于一种职业，而是成就了一个人本身。奥黛丽能够完成很多令人难以置信的杂技般的动作，这要归功于她那与生俱来的高雅气质和迷人的身形：高个、细腰、纤指以及美腿。她喜欢双手叉腰或是放在背后，习惯于双脚呈外八字形站立。比起坐在椅子上，她更喜欢盘腿坐在地上。

奥黛丽·赫本就是一个假小子，像来自巴纳度孤儿院的小男孩儿一样顽皮淘气。有时候她会显得非常疲惫，甚至出现了在她这个年纪不应该出现的黑眼圈，脸色苍白，皮肤也失去了光泽。她是一个被战争伤害过的忧郁的孩子，心里的阴影无论如何也抹不去，甚至日久弥深。但是她从来不把这种痛苦传递给身边的人们，即便是心里感到悲伤，人们看到她的时候，也总是会觉得她是如此享受她的幸福生活。

想找到一个天生具有明星气质的年轻女孩儿并非易事。奥黛丽·赫本功成名就之后，伴随她的是热烈的追捧、欢呼和喝彩，影迷狂热的崇拜和爱戴。恰逢此时，好莱坞需要找到一位新的皇后，而越来越光芒四射的奥黛丽无疑是最合适的人选，只需在她坦率个性的基础上加以适当的包装，这个皇后便应运而生了。她的声音颇具个性，语言的节奏以及独特的歌曲

上：电影《窈窕淑女》剧照。塞西尔·比顿拍摄。经伦敦苏富比拍卖行许可在本书使用

上、右页：电影《窈窕淑女》剧照（试戏装）。塞西尔·比顿拍摄。在影片《窈窕淑女》中饰演伊莉莎·杜利特尔一角，成为奥黛丽演艺生涯里的一个巨大的里程碑。它讲述一个女人由伦敦街道上的顽童一路成长为伦敦社交界的贵妇的故事。作为英国人，她如此深刻地了解两种不同的角色定位以及两者之间的细微差别。一直有人建议奥黛丽扮演这个角色，而不是茱莉·安德鲁斯（Julie Andrews，《音乐之声》女主角）。后者曾在舞台上塑造过它。外界一直传言这导致了她们之间持续一生的不和。但这并非事实。因为奥黛丽与茱莉及其丈夫一直相互尊重，享有毕生的友谊。茱莉的丈夫布莱克·爱德华兹（Blake Edwards）曾执导她主演的影片《蒂凡尼的早餐》。茱莉·安德鲁斯直到那时还从未接演过任何电影，这就是为什么那个角色给了我母亲。然而此后，茱莉·安德鲁斯于同年主演了影片《欢乐满人间》（Mary Poppins），并因此获奥斯卡最佳女演员奖。经伦敦苏富比拍卖行许可在本书使用

上：电影《窈窕淑女》剧照。塞西尔·比顿拍摄。经伦敦苏富比拍卖行许可在本书使用

右页：奥黛丽着戏装的肖像照。其上有英国摄影家塞西尔·比顿的签名。说塞西尔·比顿是一个崇尚文艺复兴的人，一点儿不假。在影片《窈窕淑女》中，他在人物造型、置景、服装设计方面多有创新。他拍她、画她、写她——一切如此美好。他还为百老汇戏剧兼做艺术指导和服装设计师。经伦敦苏富比拍卖行许可在本书使用

演绎方式都非常有特点，有种令人心碎的质感。这种声音很可能会变得不自然，因此她花费了大量的时间和精力来提升自己的音乐素养。

　　事实证明，在过去的几个月旦，奥黛丽的名气和偶像地位出现了爆炸性的提升。她睿智且活波，忧郁而又热情，坦率又不失老练，自信却不自负，温柔却不愁苦，是二战之后不可多得的戏剧天才。加之她由内而外散发出来的这些迷人特质，说她是我们这个时代完美女性的典型代表，实在是实至名归、恰如其分。

——摘自《塞西尔·比顿眼中的奥黛丽·赫本》

（《时尚》1954年11月1日）

　　显然，这并非是一些人精心策划的包装手法或者是某部影片上映前的宣传策略，也不仅仅是那些影评人或者导演单方面对母亲惊人的表演天赋的阐述。事实上这可以说是影迷之间或者说是大众之间的一种对话和探讨，主题鲜明，内容纯粹，其间反映出来的完全是他心里最真实的东西。

母亲的信仰

　　母亲一直遵循自己的生活信仰，她相信简单的力量。无论是对于着装，还是工作，乃至于人际交往，她总会这样说："在热血沸腾之前一定要先搞清楚这几件事，你正在做的事情的本质是什么，而最关键的是什么。如果把太多的问题都混淆在一起，只会让事情变得很复杂，从而陷入混乱。"

　　母亲酷爱步行，走路似乎是她生活中最重要的一部分。而且她健步如飞，步履轻盈，以至于我们得连跑带颠地才能跟上她。有一天我忍不住问她为什么总是走得那么快，母亲回答说："我只是想尽快到达目的地。"而后，她又进一步解释说这可能是对她母亲的一种逆反心理造成的，因为她的母亲走路总是慢悠悠的。

　　记得有一次我和母亲说起我喜欢一个女孩儿，遗憾的是，这个女孩儿更喜欢另外一个男生，或者也许她两个都喜欢——这不是一个多新鲜的事，是几个世纪以来青少年中经常会发生的事情。母亲听我说完，想了想对我说："你最好把精力放在你的学习上，因为如果你连考试也失败了，那么你将会遭受两次打击，岂不更郁闷？"

　　母亲的内心始终都是那样的单纯，这种单纯使她拥有了超凡的化繁为简的能力，能够轻松地将任何事情都还原到本质的元素：真诚、善良、慈爱。这是源自母亲灵魂深处的准则，她将这种信仰带到了家庭生活中，感染了我们每一个人，让我们触及曾经被隐藏在心灵深处而不曾袒露和表达的情感。

　　当然，对于这点，已经有一些优秀的文艺作品率先说明了。在电影《黄昏之恋》中有这样一个情节，加里·库珀扮演一个富有的花花公子，他不愿意为了一个女人而永久地驻足，总是喜欢不停地寻找下一个"猎物"。当两个人正在火车站告别时，实际上他们彼此还深爱着对方。由母亲扮演的女主角艾莲在与这个情场浪子相处时一直表现得非常冷静，目的是想让他相信自己和他一样坚强而独立，并不会因为分手而感到痛苦。当列车马上就要开动的时候，尽管她的眼睛中已经充满了闪烁着的泪水，但是嘴里还在说着自己与其他爱慕她的男人的风流韵事，绘声绘色地描

右页：1963年。塞西尔·比顿拍摄

述着那些人是如何拜倒在她的石榴裙下。然而事实上这都是她自己杜撰出来的，是根本就不存在的事情。这时候火车已经开始加速了，她在站台上奔跑，泪水肆意地在她的脸颊上奔流。火车嘹亮的汽笛声掩盖了周遭的嘈杂，而她的声音几乎是尖叫着，却还在努力地述说着分手后自己会过得有多好。当然，现在我们都知道，她这样做是在尽力掩饰自己的真实情感。最后库珀扮演的法兰肯将她抱上了飞驰的火车，他们紧紧地拥抱在了一起，随着有情人终成眷属，电影也接近尾声。

　　情节当然是遵循了剧本，而真正让这一幕成为经典的却是母亲在台词和人物性格上的深度挖掘，她把艾莲如何用脆弱的外表封锁了内心及其热烈而复杂的情感矛盾心理表现得淋漓尽致。这也说明作品中的人物形象能有多动人，完全取决于演员对所要塑造的人物体会和理解得有多深。

影片中的艾莲，由衷地希望自己爱的人能够继续过自己喜爱的浪子生活，做他自己，就像她了解的那个他一样。但是另一方面，她又不希望失去他。两种复杂的情感交织在一起，要离开他是真的，而隐藏于外表下内心的不舍也是真的。当她说出再见的时候，一边要决绝，一边却要努力掩饰自己的绝望和伤心。母亲的表演无疑是成功的，这个镜头成为很多人心中难忘的经典。她找到了一种将故事中虚拟的悲伤与自己内心真实的痛苦联系起来的方法。但做到这一点的前提是，必须有优秀的剧本、出色的导演以及纯熟的演技，也就是掌握如何将情绪嫁接于自己现实中的情感，并能够有效控制自己的面部肌肉。

　　所以，这件事说难也不难。只要你有丰富的生活阅历，并且用心体会过曾经的这些感受，表演出来并不难。这就好比是那些曾经痛苦的场景把眼泪推向了你的眼角。其实生活本来就像一首交响乐，目之所及，是山峦还是峡谷，可能只取决于每个人内心的感受。

上、右页："葡萄园"，瑞士，大约1955年，梅尔·费勒拍摄

母亲虽然从不笃信任何宗教，但是她并不是没有信仰，并且她对自己信仰的虔诚不亚于任何一个教派的狂热信徒：她信仰博爱，尊崇奇迹般的自然，崇尚生命本性中的良善。息影之后她一直致力于联合国儿童基金会的慈善事业，这使她再一次将自己的信仰全然融汇到了工作中，且穷其一生，矢志不渝。

有时候，一次濒死的体验能够瞬间打开生活曾经一层一层地铐在我们身上的所有繁重枷锁，使我们顿悟到什么样的付出才是值得的，而什么是徒劳的。虽然幼年时期曾濒临死亡的记忆母亲自己没有印象，但是来自外祖母的讲述让她铭记在心。这使得天性原本就内敛的她更加谦逊，我想这也许是母亲一生都保持温良恭俭的根源。

我从来没听她说过："这个是我做的！""那个也是我做的！"她晚年的时候，一直在为联合国儿童基金会工作，然而包括我在内的所有人听到她说得最多的话就是："我能做的不多！"我也从来没听母亲说过喜欢自己饰演过的任何一个角色。即便是当她被人们簇拥追捧、大加赞扬的时候，她依然显得如此羞怯，也总是云淡风轻地看待自己的努力，而将其说成是大家的努力促成了她最终的成功。

贝西·安德森·斯坦利曾经说过："时常保持微笑或者大笑，赢得智者们的尊敬和孩子们的喜爱，获得诚实的评论家们的欣赏，容忍那些伪朋友的背叛，学会欣赏美的事物，发现别人的优点，在离开这个世界的时候能够留下一个健康的孩子、一座小公园或者曾经对社会环境做出过一点儿贡献，知道你的存在至少能够帮助一个人生活得更加轻松，能做到这些的人，就是成功的。"用斯坦利女士的标准来衡量，我母亲的一生可以称得上是成功的。而这份殊荣源于她一次次正确的抉择，首先她选择了她的职业，即当一名演员；然后她选择了成家；而当我们，她的孩子，都长大能够独立生活的时候，她又选择了去帮助世界上那些不幸的孩子，以此来回报社会。这次重要的选择也解开了紧锁了她一生的心结，抚平了那个跟随她一生的伤疤，那种埋藏于心底的忧郁和悲伤彻底地消失了。

　　如前所述，母亲人生早年的大段时光里对自己的生父一无所知，那种最平实的父爱、最自然的亲情在她的世界里却风干成为绵长的渴望，那种被爱、被呵护的踏实感以及小孩子最在意的一切从来就没存在过，如此切肤之痛，痛彻骨髓。然而，所有的这些伤痛，都因她这次神圣的选择而治愈了。我回头想想，母亲给予我和卢卡的正是她自己渴望了一生却从未得到的：被爱、被呵护以及我们最在意的一切。这正是能够长久根植于我们内心、滋润我们成长的最有价值的人生精华。她，是我们了不起的母亲，也是我们完美的朋友。

上：20世纪50年代，瑞士。我父母和她的约克郡犬——Famous，在马车上，雪中，圣莫里茨（St. Moritz）附近。桑福德·罗斯（Sanford Roth）拍摄

左页：1954年，在瑞士的圣莫里茨。考虑到我母亲多年来劳累过度，哮喘情况不断恶化，我父亲迅速带她去了山区，而不再前往瑞士的卢塞恩，那个我出生的地方。梅尔·费勒拍摄

下：大约1957年，与奥特·弗兰克（Otto Frank）及其第二任妻子，在瑞士的布尔根施托克。梅尔·费勒拍摄

奥特·弗兰克是安妮·弗兰克（Anne Frank）的父亲。有人提议我母亲演安妮一角，奥特与其妻曾为此事亲自拜访母亲。经过仔细考虑后，她拒绝了。因为她感到，要返回到那个境遇太艰难了。她觉得她与安妮的经历太相似

"安妮·弗兰克和我同年出生，生活在同一座城市，经历了同一场战争。所不同的是，她被锁于屋内，而我在室外。读她的日记如同从她的视角翻阅我的经历，并为之所震撼。一个青春少女被锁在两间斗室，除了日记，无从表白自己。她只能透过阁楼窗外的树木，分辨四季的变化

"这是荷兰的两个不同的角落。我所遇到的事情是如此难以置信，她这样描述，不是外面发生了什么，而是斗室之内发生了什么——一个少女渐变成了妇人……一切都发生在笼中。她表现为幽闭恐惧症，但天性之爱、博爱意识以及她的爱——真正的爱——生命之爱战胜了这种恐惧。"

1990年3月，奥黛丽讲述了部分"安妮日记"，也是联合国儿童基金会主办的"音乐会——生命"里的一部分："为了世界儿童的美国之旅"。作曲和指挥是迈克尔·蒂尔森·托马斯（Michael Tilson Thomas）

右页：大约1955年。诺曼·帕金森（Norman Parkinson）拍摄。 这也是在"葡萄园"，拍摄电影《战争与和平》时的一张照片

Christmas 1958
St. Moritz

上左： 1958年，小犬Famous。梅尔·费勒拍摄

上中：1958年圣诞节，我父母迷上了瑞士，又在圣莫里茨度过假期，并开始寻找一个家。梅尔·费勒拍摄

上右： 1958 年，瑞士圣莫里茨。奥黛丽和她的兄弟兰（Lan）、兰的妻子伊夫娜（Yvonne）及他们的女儿。梅尔·费勒拍摄

上：怀上肖恩的奥黛丽，1960
年。那儿有我，在她的肚子里。
梅尔·费勒拍摄

下右、右页：1960年。我仅有的一
组由摄影大师理查德·埃夫登拍
摄的照片

上、下左：我与母亲在家，于布尔根施托克，卢塞恩，瑞士，1962年。那是我出生、成长的地方，一直到我3岁。房子坐落在山顶上，可以俯瞰卢塞恩城和湖水。我和奶妈吉娜住在三楼。还有一间客厅用来接待到访的家族成员。我父母的房间就在二层，我的楼下。我父亲因为山间清新的空气有助于我母亲哮喘病的治疗，所以租下了这所房子。皮耶路易吉拍摄。

下右：于布尔根施托克、卢塞恩，瑞士，1962年。我2岁半。我能记得我骑着那些漂亮的木制雪橇，沿积雪覆盖的车道滑行。这条车道通向离我家一英里远的主路路口。梅尔·费勒拍摄

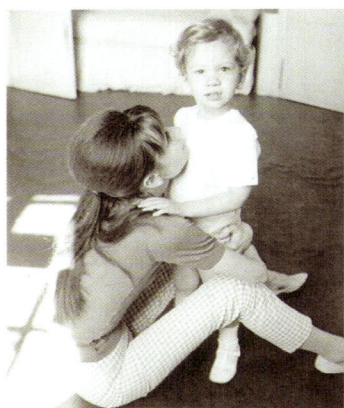

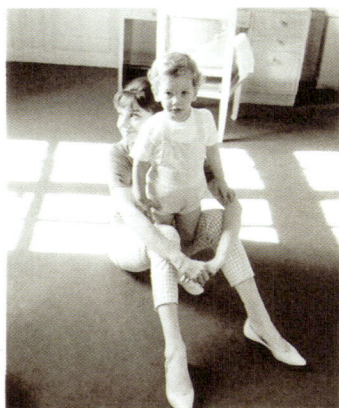

130

上：我和父母在马戏团，1961年。皮耶路易吉拍摄

左页：我们的首次美国之旅，1961年。我1岁，在贝弗利山的承租屋里。巴德·弗雷克（Bud Fraker）拍摄

下：于西班牙，在拍摄由我父亲执导并合作编剧的影片《Cabriola》期间，1965年。用挂在自行车车轮上的牛头纸板来训练小斗牛士，培养他们在斗牛方面的素质。费勒普·罗佩兹（Felipe Lopez）拍摄

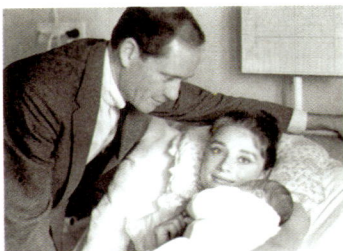

上：奥黛丽产后在卢塞恩医院，也是我的第一张照片，1960年7月。皮耶路易吉拍摄

中、下：影片《俪人行》，1965年，于法国南部的外景地。这是我第一次有了关于电影拍摄现场的记忆。我记得那沙滩和我的父母。我还记得拍摄现场给我留下的第一印象。我坐在移动摄影机上，与小推车里负责道具的人玩耍。他把车里的那些令人惊异的道具给我看。而我觉得，那简直是满车的玩具。我对皮耶路易吉也有印象。我母亲叫他"皮尔乐完"（Pierleone）。他是我母亲的好友，也是我出生时，唯一被允许进入医院拍照的人。确切地说，他是我们的家庭摄影师

右页：1961年，我与父亲。约翰·斯沃普拍摄。约翰是我家亲密的朋友，或许也是20世纪最伟大、却被大大低估了的摄影师。我父母与他及其妻子多萝西·麦圭尔（Dorothy McGuire）都很亲密。约翰出现在我父母和我的生活里，无论是在度假地，还是在居住地。在瑞士，我们有一个家；在西班牙，我和我父亲度过美好时光；在罗马，我又和我母亲住在一起

上左：圣诞购物，巴黎，1962年。家庭照

上右：一位自由摄影师在街头拍下了我们，然后把照片送给了我母亲。拍照者不详。奥黛丽·赫本个人藏品

右页上：我和父亲在马戏团，罗马，20世纪60年代。罗伯托·博尼法齐（Roberto Bonifazi）拍摄。奥黛丽·赫本个人藏品

右页下左：父母和我抵达罗马机场，1964年9月5日。多梅尼科·埃斯波斯托（Domenico Esposto）拍摄。奥黛丽·赫本个人藏品

右页下右：在马戏团，1966年。亨利·佩萨尔（Henry Pessar）拍摄。奥黛丽·赫本个人藏品

上：1963年，我3岁半，在瑞士的布尔根施托克。我们在Bathania别墅度过的最后一个圣诞节。梅尔·费勒拍摄

中：于度假胜地马尔韦利亚，西班牙，1964年，野餐中。这是一种一路骑驴的野餐活动。梅尔·费勒拍摄

下：妈妈和我，与一只山羊崽在一起。梅尔·费勒拍摄

右页：在农庄"和平之邸"（La Paisible），1965年，我与母亲以及她的第二条约克郡犬Assam在一起。家庭照

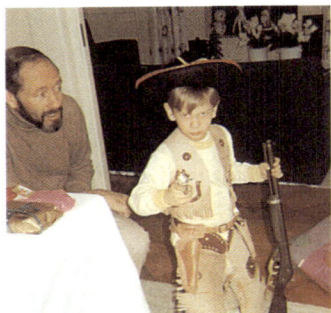

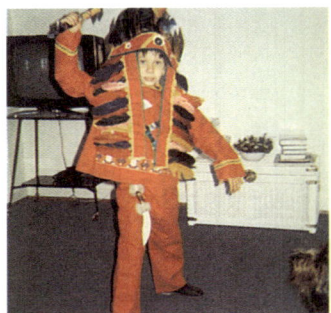

上、右页上：20世纪60年代。这是应我的朋友杰西卡·戴梦得（Jessica Diamond，奥黛丽·赫本个人藏品中相片的监管人）的要求，她坚持把那些令人不太好意思的照片收录于本书中。她说："这些照片可以从更多侧面展示她是一个什么样的母亲。"我想，我喜欢在这个家里乔装自己。家庭照

右页下：1964年4月，我差不多4岁。家庭照

上：孩子们的化装聚会，瑞士圣莫里茨，1964年。家庭照

下左：我的第一个生日聚会，在农庄"和平之邸"，1965年。家庭照

下右：圣·卡塔丽娜（Santa Catalina），我们在西班牙马尔韦利亚的家，1966年。这是最后一次在那里和父母过生日了。那所房子的名字由我父亲取自我母亲中间的名字——凯瑟琳（Kathleen）。家庭照

上、中：Giglio岛，托斯卡纳区，意大利，大约1969年。家庭照

下：瑞士，大约1970年。家庭照

上：我母亲与滑雪队，1968年奥运会，于格勒诺布尔度假地（Grenoble），法国。家庭照

下：与好友康妮·沃尔德夫人，在她访问瑞士期间，1967年。家庭照

上：与好友康妮·沃尔德夫人，在瑞士农庄"和平之邸"，奥黛丽的家中，1967年。家庭照

下左：在农庄"和平之邸"采花，1965年。梅尔·费勒拍摄

下右：奥黛丽在罗马。我尤其喜欢这张照片。它摄于20世纪70年代，抓住了我母亲的神韵，正是我青年时代所看到的那种样子。拍照者不详。奥黛丽·赫本个人藏品

上：我母亲与安德烈亚·多蒂的婚礼。家庭照

下：奥黛丽与安德烈亚·多蒂，1971年。亨利·克拉克（Henry Clarke）拍摄

右页：奥黛丽与安德烈亚·多蒂在瑞士莫尔日（Morges）举行婚礼，1969年1月18日。这张照片恰好摄于婚礼之后。我站在右边只有几英尺远的地方。这对新婚夫妇站在莫尔日市政厅的门口，离在托勒车纳兹（Tolochenaz）的农庄"和平之邸"只有几分钟的路程。马塞尔·艾米莎德拍摄

146

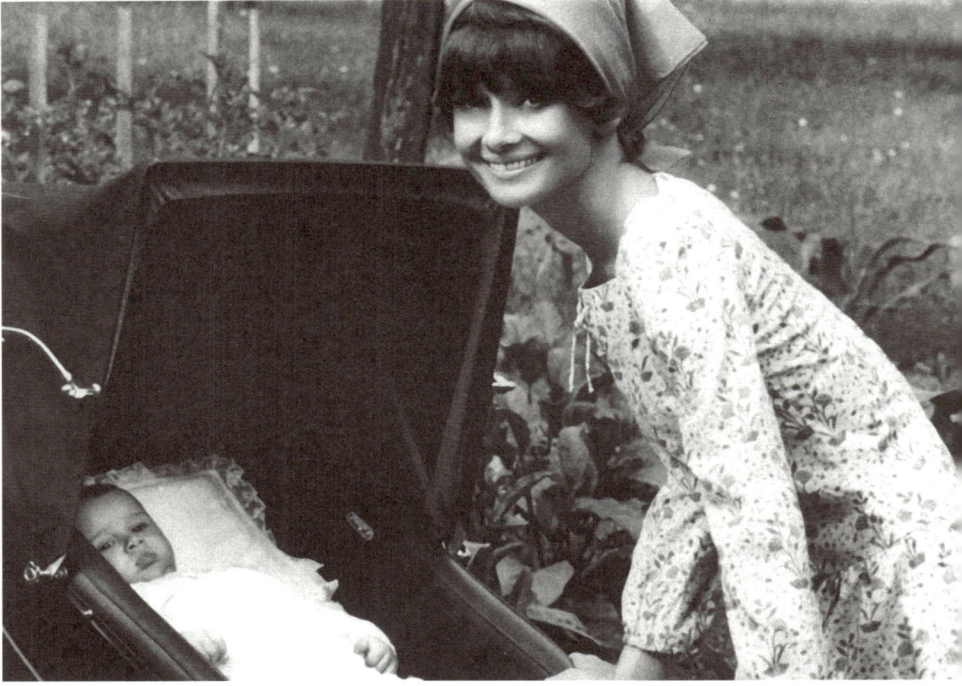

左页上：母亲与我的小弟弟、婴儿车里的卢卡在一起。在农庄"和平之邸"的院子里，瑞士，1971年。亨利·克拉克拍摄

左页下：罗马，1971年4月，卢卡刚过1岁。这两张照片正好摄于我参加法国大使馆的化装舞会之前。家庭照

下：母亲与3个半月大的卢卡在一起，1970年4月。家庭照

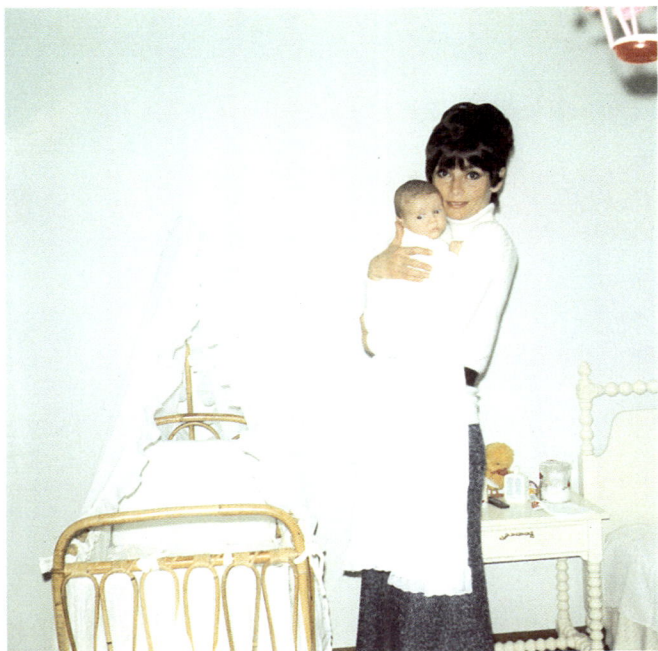

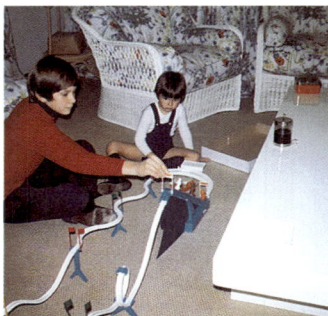

上：在罗马我们的第一套公寓里，安德烈亚·多蒂和我在地板上玩战船游戏，1969年9月。家庭照

中：我和3岁半的卢卡在一起玩，在罗马的公寓里，1973年9月。家庭照

下：我与我母亲及安德烈亚，星期天，在罗马的跳蚤市场。拍照者不详。奥黛丽·赫本个人藏品

右：奥黛丽把这张我和卢卡在1979年拍的合影挂在她卧室的墙上。家庭照

下：我和母亲、弟弟卢卡在佛罗里达度假，1987年5月。大部分罗比（Robby，罗伯特·沃尔德斯的昵称）的家人都住在那里。马林斯·斯帕达福拉（Marins Spadafora）拍摄。家庭照

上：20世纪70年代早期。母亲到学校接我。她做得如此虔诚。她想让我们过正常人的生活，但我们屡遭自由摄影师们的袭扰。拍照者不详。奥黛丽·赫本个人藏品

下左：母亲、安德烈亚和我在罗马的纳沃那广场（Piazza Navona）散步，1974年。仅几个月前，由于担心随时可能发生的绑架，我上了瑞士的寄宿学校。可能摄于一个星期天。埃里奥·索尔奇（Elio Sorci）拍摄

下右：我与母亲及安德烈亚，星期天，在罗马的跳蚤市场。拍照者不详。奥黛丽·赫本个人藏品

下左：1976年的圣诞节，在农庄"和平之邸"。家庭照

下右：奥黛丽和她的经纪人库尔特·弗林斯（Kurt Frings），在贝弗利山库尔特的家中，大约1984年。她一直陪伴着他，直到他去世。他不仅仅是一个经纪人，也是我家里的一分子。家庭照

做赫本的儿子

经常会有人问我，有这样一位名人母亲什么感觉。我总是回答说我真的不知道。在我心里，她首先是我母亲，然后是我最好的朋友。在这之后，我才想到她是一个演员，渐渐地，我才意识到她是一位非常不同寻常的演员。随着时间推移，我慢慢认识到，她对于我们的影响是何等的深远。这么多年来，影迷们对她的喜爱有增无减，她所带来的激情和信心早已成为人们心中不变的经典，这也表明她付出辛勤努力的事业获得了人们的高度认可，她留在大家心里的印象也是坚不可摧的，由最开始的

右页：在领奖典礼的后台，20世纪80年代早期。在她上台之前，我陪着她。拍照者不详。奥黛丽·赫本个人藏品

上：我和母亲好友康妮·沃尔德在她的贝弗利山的家中，20世纪80年代。家庭照

下：奥黛丽和她最好的朋友康妮·沃尔德，在康妮的寓所，也是我母亲"远离家的家"。家庭照

细细的嫩枝，如今随着时间的流逝已然长成一棵参天大树。她是当之无愧的、大众喜爱的知名人士。

虽然母亲是大明星，但我们和其他孩子的成长历程没什么两样，我们并不是在好莱坞长大的，无论是外在的生活环境，还是内心的想法和心理。我们的母亲从来不看自己的电影，对她来说电影拍完了，与之相关的一切就都结束了。所以我们的家庭根本就算不上是一个演艺之家。我并没有在电影人堆里长大，而且就连上学和玩耍，我都不是和他们的孩子一起。

我出生后的头些年是在瑞士度过的，在我们村子里的学校读书。我的朋友都是农民或者学校老师的孩子。离家不远的地方有一家孤儿院，那儿的孩子们也是我的朋友。我还记得那个冬天的深夜，我被一个好朋友叫醒，他告诉我他父亲饲养的一头奶牛要生小牛了。我们一路狂奔，凛冽的寒风拍打着我们的脸颊，那种感觉至今记忆犹新。寒冷的午夜，几个孩子怀着无比激动好奇的心情一起趴在火车轨道上，就为了能亲眼目睹一件无比神奇的事情发生。还有我另一个朋友，也是我最好的朋友，就住在我们家边上，他家的花园和我家的花园紧挨着。我们在两家花园之间的栅栏下面挖了一个小通道，那时候我经常在他的阁楼上玩，一玩就是好几个小时，他有一套老式的火车玩具，是他父亲制作的，后来又经他哥哥改良。

当我们搬到罗马居住之后，我在当地的法语学校读书。我的同学朋友也都是普通人家的孩子。母亲每天都会去学校接我，经常会有一些摄影记者堵在学校门口。一开始同学们叫我"明星的儿子"，不过后来，因为我是班上个子最高的男孩儿，因此我把自己训练成了一个出色的足球守门员，这时候他们对我的称谓和印象就都改变了。我觉得我从来没有受到这种问题的困扰，也从来没有花心思想过为什么狗仔队总是会出现在我身边。和所有的孩子一样，我觉得我的母亲非常漂亮，如果他们愿意给她拍照，那就拍好了。她就是那么美，无论外表还是内心，从上到下，每一个角度，每一个侧面，都是那么美。

自从我开始上学之后母亲就不再接戏了，因为我需要按时上课，不能前往剧组去看望她，而且在拍戏的时候她也无法和我在一起。当我弟弟卢卡开始上学的时候母亲也做了同样的决定，那时候我已经离开家去寄宿学校念书了。

"在人生的关键时刻我必须做出选择。"母亲在1988年3月接受采访时说，"在电影和孩子之间做出选择，对我来说这一个决定是显而易见的，因为我实在太想念我的孩子了。到我的大儿子开始上学之后，我不能再像以前一样，拍戏时把他带在身边，这对我来说是无法忍受的事，因此我决定暂时息影。从事业中退出回到家里和孩子们在一起，这让我非常幸福。我可不是一个人失落地坐在空空的房子里，咬着指甲发呆。事实上和所有的母亲一样，我把全身心都投入到照顾两个儿子上。"

当她领着我去书店买教科书或者去商店买袜子的时候，我是那么高兴。那时我心安理得地享受着一切，认为那都是理所当然的。但现在我知道，那幸福是多么奢侈啊！

她真的是我最好的朋友。

然而最让我吃惊的是，她让我知道了我也同样是她最好的朋友。

右页：1971年4月，和我的长耳猎犬Cokey在一起。之所以给狗取这个名字，是因为它黑得像焦炭一样。亨利·克拉克拍摄

上左：和罗比在一起，1989年。家庭照

上右：母亲、罗比和我在康妮家中，1984年。家庭照

下：与罗比在夏威夷的冒纳凯阿火山（Mauna Kea）度假，1988年。家庭照

上：前后两张照片相差50年。我母亲的奶妈格蕾塔·汉蕾抱着2岁的奥黛丽，1931年。50多年过去了，1988年，她得以再次跟随我母亲。那时，我母亲在为联合国儿童基金会工作。奶妈格蕾塔听说我母亲马上要来都柏林，于是到了她下榻的酒店。知道奶妈格蕾塔来了，我母亲冲出人群，扑进她的怀抱，兴奋之情溢于言表。爱尔兰，1988年。家庭照

下：我把这张我母亲的照片放在床头。家庭照

出任联合国儿童
基金会亲善大使

一直到以联合国儿童基金会亲善大使的身份出
访非洲一些饱受战争蹂躏的国家，母亲才从幼年时
期被父亲抛弃时的隐痛以及三次怀孕失败的极度失
落中走出来。

她曾跟我们说起过，当她还是个孩子的时候，
看到别人依偎在父亲怀里，总会感到有种空落落的
悲痛，她是多么希望自己的父亲也能够在身边，那
样她也可以和其他孩子一样享受到父亲的呵护了。
她一直希望父亲还活着，在世界上的某个角落，说
不定哪天就会突然出现在她面前。作为一个孩子，

右页：1977年，我们住在位于罗马帕利奥利（Parioli）区的第二套公寓里。想必这张照片
摄于一个早晨，因为奥黛丽仍穿着她的晨衣。背景是她卧室的窗帘。伊丽莎白·卡塔拉
诺拍摄

她无法摆脱这种出自本能的强烈渴望。鉴于自己内心的这种伤痛，她在与我的父亲以及卢卡的父亲离婚之后，还都和他们保持一定的联系，她所做的一切努力无非是想尽力确保我和卢卡能在完整的家庭关系中健康成长。

她也郑重地说起过关于流产和那些由此带来的痛苦。那是一种在此之前从未有过的痛苦："那种痛苦感觉就像我马上就要失去理智，即将发疯了一样。"

在她还是小女孩儿的时候，就非常喜欢孩子。母亲说："我一直都很喜欢小孩子，也许这是与生俱来的情感，一种强烈的爱，对于人，对于孩子。在我还很小的时候我就喜欢他们。我曾经在农贸市场里试图把别人家的孩子从婴儿车里抱出来，弄得我母亲非常尴尬。我的梦想之一就是拥有自己的孩子。爱与被爱都是让人兴奋的事。人们不仅需要被爱，同时也会有强烈的付出爱的冲动，而且付出爱也是一种需要。"

在母亲的世界里，孕育并养育孩子是能够给她带来极大乐趣的事情之一，也是治疗她童年创伤的一剂良药，因此关心儿童发展成为她晚年生活最欣慰的事。有一阵子，"捐助疲劳症"成为很多人道主义者的口头禅，为此母亲曾经多次为世界上那些不幸儿童的利益而呼吁大家：捐助疲劳以及同情疲劳，并不解救那些时至今日仍在发展中国家蒙受苦难的人。没有比一个母亲眼睁睁看着自己的孩子一个又一个地死去更无奈更悲惨的事了。在我的记忆里，那些日子里母亲的心思全都放在了那些可怜的孩子身上，每次见面她对我们的关注不过是最初的几秒钟，随后话题就又转到了那些孩子那里。

罗伯特·沃尔德斯，最初向母亲介绍联合国儿童基金会的宗旨和要务的人正是他，他也是与母亲携手走完人生最后12年春秋的人。

1987年10月，母亲应她的表兄——前荷兰驻葡萄牙大使范乌弗尔德的邀请，和沃尔德斯一同前往澳门，参加了一个为联合国儿童基金会募捐的下：奥黛丽与联合国儿童基金会的合同，签于1988年4月15日。"我从埃塞俄比亚来。那里的见闻令我感到振奋和乐观。"第一次埃塞俄比亚之旅结束后，她这样说道，"我和当地许多人交朋友。他们告诉我，他们正遭受着怎样的痛苦、恐惧，乃至死亡和绝望。的确，尽管那里的儿童未如以前那样大批死亡，但仍处于营养极度不良的状况中。然而，我也看到，无论多少，哪怕是一点点援助，都能帮助他们治疗疾病、灌溉农田、种植新的农作物。我渐渐意识到，要是世界给予埃塞俄比亚更多的关照，他们的问题不是不可解决的。"

"如果人们仍然青睐我，"她在1988年说道，"如果我的名字还能让他们倾听我的讲话，那就好极了。但这些天来，我对推销奥黛丽·赫本并没有兴趣。我有兴趣告知世界，他们可以如何帮助埃塞俄比亚，以及我为什么离开那里时会感到乐观。"

她的确感到乐观。她仿佛看到隧道尽头的光亮。但接踵而至的是索马里。那里的状况令她始料不及

慈善音乐会。母亲为此亲自准备并发表了热情洋溢的演讲。她对孩子们亲切自然、发自肺腑的爱立即深深打动了时任联合国儿童基金会高级总裁的詹姆斯·格兰特，格兰特先生当即向母亲伸出了橄榄枝，希望她能够接任联合国儿童基金会的亲善大使之职。母亲欣然接受了邀请，并从格兰特先生那里领取了具有象征意义的一美元薪水以示接受任职。1988年4月，母亲便开始了她作为亲善大使的第一次出访。

母亲曾经向我们描述过那些在难民营中

等待联合国儿童基金会援助的孩子，

在他们眼中，一碗玉米粥都是非常宝贵的，

我们也曾经看过母亲从非洲带回来的照片，

那些徘徊在死亡边缘的孩子甚至因为严重脱水，

不能够直接进食，

只能暂时通过静脉点滴维持生命，

现在母亲成为他们中的一员。

第 四 章 CHAPTER 4

他们中的一员

病　痛

奥黛丽从索马里回来之后，就一直说自己胃疼。

　　从小接受维多利亚时代教育长大的母亲从不喜欢向别人抱怨自己的病痛，也不愿意我和卢卡知道她不舒服，因此我们兄弟俩对母亲的病情一无所知。不过罗伯特对这一情况非常了解。他们曾经请瑞士的很多专家检查过，但是都没有对病情做出具体确定的诊断结论。因此，最后母亲决定于1992年10月，趁前往洛杉矶公干之际顺便进行一次深入彻底的检查。

前左：纽约，1991年。史蒂文·迈泽尔拍摄

右页：电影《黄昏之恋》剧照。这是家中为数不多的、被我母亲裱在相框里的照片，也许是因为照片里有她的第一条约克郡犬Famous。山姆·肖（Sam Shaw）拍摄

当我在洛杉矶国际机场看到母亲的时候，她气色很差，显得非常疲惫，神情也很焦虑。多年以来，母亲从不坐头等舱。曾经有段时间，她和罗伯特把商务舱机票作为礼物互赠彼此，一起去旅行度假或者额外增加联合国儿童基金会之行。但是在我们还只有十几岁的时候，母亲一直乘坐经济舱，走遍了整个欧洲。

母亲认为，世界上还有那么多人在忍饥挨饿，与此同时却有人舒服地享受着乘坐头等舱出行，这是非常不合时宜的，简直就是一种犯罪。同样，母亲认为汽车不过是一种交通工具，安全、快捷就是全部，因此我们家的车库里就只有沃尔沃和奥迪这些舒适实用的汽车。

母亲几乎不亲自开车，我对此很奇怪。虽然20世纪70年代的罗马，并不是所有女人都会驾驶，但是我还是忍不住问她为什么不自己开车。我记得20世纪50年代时，她刚刚拿到驾照不久，我父亲就给她买了一辆雷鸟跑车。后来有一天当母亲拍完戏自己开车从摄影棚回家的途中，一个女人开车从后面撞了她，很显然那个女人应该负全责，她是完全的过错方，但是她蛮不讲理，咄咄逼人，竟然把责任都推到母亲头上。

母亲到家后将这件事告诉了父亲，父亲听后非常生气。然而事情并未就此平息。那个女人在得知母亲的真实身份后居然提起诉讼。她的意图很明显：不过是想通过与名人打官司使自己获得超常的利益甚至让自己也变成名人。这件事导致的结果是，母亲对车祸的恐惧以及对人性的卑劣的失望和愤怒，让她最后决定卖掉那辆车，并且自那以后再也不自己开车。她认为驾驶是一件需要有点儿争斗意识的事情，但是她恰恰不具备这种特质，更重要的是她根本不打算培养自己的这种特质和能力，按照她的理论，她不能成为一个好司机，这样也就自然放弃了开车的念头。用现在人的眼光来看，母亲似乎有点儿偏激，但是那个年代，罗马或巴黎，开车真就是那样，每次出行就像准备一场小规模战争一样。

到了1992年，母亲在联合国儿童基金会的工作已进入了第五个年头，工作量与日俱增，日程表安排得越来越紧凑，工作变得愈加紧张起来。有时候，由于机票是由基金会提供的，而且去的目的地大多是发展中国家，很少有直达航班，这样就导致母亲和罗伯特两个人必须在航程中多次转机。尽管罗伯特乐观地认为这种将长途飞行肢解成若干个短途飞行的方式能够缓解旅途疲劳，而且也减轻了倒时差的困扰，但是这就不可避免地要将整个行程拉长，对时间和精力的消耗都随之增加。一般情况下，行程一结束他们就要马上奔赴一些发达国家去做宣传，接受一些媒体的采访，届时母亲会向人们讲述她之前所看到的那些因战乱或饥荒导致的悲惨景象，除此之外，她还会出席联合国儿童基金会的一些募捐活动。这种辗转他们每年都会做好几次，几乎成为他们生活的全部，中间也许会有几个星期的间断用来倒时差。就这样，短暂的间歇过后又重新上路开始下一段旅程，周而复始。

每当我们听到那些令人惊骇的故事时，母亲的眼中无不闪耀无比失望和悲悯的神情，她不明白我们所生存的这个社会为什么要如此残忍地对待下一代。有人曾经问她，为什么要这样不遗余力地为那些不幸的孩子奔走呢？很多不幸事实上都是由当地的政府武装与反对派系之间的冲突和消耗造成的，而仅凭一己之力是根本不可能解决的，既然如此又何必呢？面对类似的问题母亲只有一个答案："这好比你正在自家的客厅里坐着，突然听见街上传来恐怖的尖叫声，随后是汽车猛烈的撞击声，此时你的心脏受到了强烈的冲击，使你不由自主地从椅子上跳起来，立即跑到街上，发现一个孩子被车撞了，倒在血泊中。我相信这时候你不会停下来去考虑到底是谁的错误导致了惨剧的发生，是司机的车开得太快，还是孩子为了追逐他的皮球而突然冲上马路。这时候你应该而且能做的就是赶紧抱起孩子，送他去医院。"母亲的信念永远都这样的单纯，又是那样的执着。

在母亲即将从索马里返回之前，我们每星期至少都会通一次电话，每次都要聊很长时间。但就是在那次通话的时候，我平生第一次从她的声音中感受到不安，如同乌云压境下又刮起了凛冽的寒风般让人瑟缩。她对我说，她刚从地狱回来。我想问问事情的原委，但是她说等到洛杉矶之后再详细说吧。

后来在洛杉矶，母亲才详细跟我说了她心里的困惑和悲伤。她说，上百万的索马里儿童，脸上看不到丝毫对未来的憧憬和企盼，只有对食物的渴望。索马里最大的问题在于基础设施的严重缺失。其他一些国家也有不幸的儿童，比如越南，但至少他们还会梦想医院、学校以及公路被重建的那一天，因为他们毕竟有一些建筑基础，只要加以修缮就可以发挥作用。但是索马里，一旦离开首都摩加迪沙，也就意味着离开了医院、学校还有公路，这个国家首都之外的其他城市和地区几乎什么都没有。

母亲说，如果有机会，和平也应该成为我们好好学习的一门学科。

"我们经常研究战争，甚至在大学里还有专门传授战争知识的学科。如果有一个地方可以教我们如何去创造和保卫和平，那岂不是一件美好的事情？—— 一所教授和平的大学。"

每逢圣诞节，家人聚集在一起的时候，母亲都会讲述关于她的那些旅行，关于那些孩子和那些访谈，描述她在美国国会演讲时是如何的紧张。

"那些议员都是非常可爱的人。"母亲说，"想要解决埃塞俄比亚的问题并非易事，因为这会触及很多敏感的政治因素，这可不像咖啡和柚子那么简单。不过令人欣慰的是，在我前往国会演讲之后，美国加大了对埃塞俄比亚的援助力度。"

当然，母亲从不习惯将所有事情都大包大揽，因此，通常在母亲说完之后都是罗伯特进行补充，来丰富整个演说。"她就在众议院前一露面，美国政府就追加了6000万美元的援助预算。"每次罗伯特这样半诙谐地说这件事的时候，我们的耳朵和心都带着十二万分的荣耀。然而当谈笑散去，回首这过去的一年时，我们发现母亲这一寒来暑往的轮回又都献给了这份额外的工作。她的疲惫和憔悴分明写在脸上，于是看在眼里的我们总会轻轻试问："您打算什么时候休息下？"我们都知道谁也无法说服她放下这份工作，我们只是希望她能够在紧张的工作间隙，抽空享受一下生活的乐趣，就算作为她辛苦工作的补偿也好。

然而，事与愿违。

洛杉矶的医生们为母亲进行了又一次的全面检查，然而，他们也无法得出确切的诊断结果。最后，医生建议进行一次腹腔镜检查。就这样，我们把她送到了西奈医院，并于1992年11月1日进行了手术。术后两个小时，医生来到候诊室告诉我们，他们在母亲的腹腔内发现了癌细胞，并且癌细胞已经开始扩散，据他们推测，癌细胞生成位置可能是阑尾。没有人能够发现这一点，因为腹腔镜根本无法直接看到阑尾的位置，它躲在腹腔的角落里，角度太刁钻了。这个人体内已经退化了的器官，我们对它所知甚少，它却杀死了我的母亲。阑尾，这个小小的器官，到底是用来积攒我们这个近乎完美的躯体无法消化的零星食物，还是用来为我们的灵魂收集那些无法修复的伤痕？

医生们推测大约5年前母亲就已经患上了癌症，不过癌细胞在母亲的体内发展得很慢。确诊的时候肿瘤体积并不大，然而糟糕的是癌细胞已经开始扩散，正在向肠子包围而来。医生对我们说，他们会采取适当的方式进行治疗，以便在某种程度上缓解病痛。

母亲经常感到腹部疼痛是由回肠较窄引起的，致使营养输送变得越来越困难，从而导致了痉挛。医生切除了一英尺的回肠并将剩下的肠子缝合，希望这样做能够缓解她的病情。

这些晦涩难懂的医学术语对我们来说没有任何意义，我们大家商量了一下，一致同意不把这个真实情况告诉母亲。手术后我们一起去康复病房探望她。我们都尽力对病情轻描淡写，而且尽量说些毫不相关的话题。可是当我们跟她说新闻的时候，她打断了我们，之后平静地说，她早就知道这次病得很严重，甚至比在索马里的时候被一种不知名的小虫咬伤那次更严重。那次母亲被怀疑染上了一种非常可怕的传染病，情急之下医生对她使用了一种药效强劲但对身体其他组织具有一定破坏作用的抗生素才使她脱离危险。那次病愈之后她曾经对我说，无论如何，在任何情况下都不要使用那种抗生素。母亲在那个过程中所遭受的痛苦不言而喻。

为了让成千上万个饱受饥饿折磨的孩子能吃上饭，多年来，母亲不辞劳苦为之奔波，彼时母亲却发现她自己已经不能吃饭了。为了便于消化系统的治疗，医生通过静脉注射对其使用了综合非口服营养液，那是一种用来给人体提供基本营养物质的淡黄色液体。

很久以前母亲就曾经给我们讲过那些难民营里的孩子的事。如果联合国儿童基金会不援助他们，他们就吃不到玉米、大米、面这些最基本的粮食做的食物，在他们眼中，一碗玉米粥都是非常宝贵的。我们也曾看过母亲从非洲带回来的照片，那些在死亡边缘上挣扎的孩子，有的因为严重脱水而不能自主进食，只能通过静脉输液来维持生命。

而现在，母亲成了他们中的一员。

母亲接受化疗的前提是，手术的刀口必须愈合，这期间我们只有等待。全家人排了时间表，轮流去医院陪护。我通常是早起去看她，然后以着急去上班为名赶往办公室。到了那儿，我会花上好几个小时阅读并研究各种关于癌症治疗的信息和资料，给每一个癌症康复中心打电话咨询，了解最新的治疗方法和有效措施。然而不幸的是，这样过了不久，很快我就不得不面对一个令人无法容忍的事实，那就是现在在癌症治疗中最普遍使用的化疗自20世纪60年代一直沿用至今，基本没有任何改进。60年代，霎时间，感觉就像中世纪一样久远。

远离家的家

一周后，我们把母亲接回了"家"——她最好的朋友康妮·沃尔德的家，以前母亲每次去洛杉矶都会住在那里。

她们最初相识是在母亲第一次去洛杉矶的时候，那时母亲刚拍完电影《罗马假日》。在那之后，康妮和杰瑞·沃尔德结婚了，他是一名勤奋而有创造力的优秀电影制作人。康妮和母亲是肺腑之交。我们会定期聚到康妮家，来一场精彩的家庭晚宴。每次用餐完毕她们总是互相争着抢着去收拾餐具。康妮叫母亲"卢比"，这是当时连播了很久的一部家庭剧《楼上楼下》中一个老处女的名字，那是一个专制粗暴到无可救药的角色。母亲对此辩解说，作为客人，她至少应该有洗碗的权利。她们总是一起烹饪食物，一起开心爽朗地大笑，彼此都至死不渝地深爱着对方。对母亲来说，这里真的就是自家之外的另一个家。但是这一次，对母亲来说回家的意义非比寻常。在被死亡阴霾笼罩下的日子里，熟悉的家就是避风港，更何况还能喝到好朋友亲手为她熬制的鸡汤，这不仅是对身体最好的照料，对心灵也是最佳的慰藉。

第一次化疗很顺利地就完成了，一切似乎都很顺利，没有任何副作用及不良反应。我们都以为母亲也可以这样顺利地在一周之后接受第二次化疗，然而事实并非如此。几天后，回肠又发生了梗阻，这次疼痛更甚于以往，尽管服用了止疼药也无法缓解。无奈，作为家属，我们只能想点儿办法来分散母亲的注意力，使她不那么专注于疼痛本身。白天我们陪着她在游泳池边上小心翼翼地散步。到了晚上我们则围坐在她床边的地板上，陪她一起看电视。有时候看喜剧，比如英国的系列剧《弗尔蒂旅馆》，有时候是关于自然的纪录片，像《科技与探索》这样的。母亲说她最喜欢这两类电视节目，因为这些片子能够让她重建信心，依旧相信自然界确有奇迹，无论过去、现在还是以后，自然的一切丝毫不曾更改，它的美丽如此简约动人，无论发生什么，生活依旧美好如初。然而这种朴素的美，却又显得那样奢华。

化疗之后，医生想让母亲尽快回到外科。

1992年12月1日，那是我这辈子最艰难的一天。那时我们正在准备把母亲送回医院，每个人都各司其职，尽自己所能忙碌着，我和母亲单独待在她的房间里。在她被冲进来的人群淹没之前，我要帮她穿好衣服。母亲转过身来看着我，眼里噙满了泪，她用力地抱着我，我能听见她绝望的啜泣声。当我也紧紧地拥抱她时，她在我耳边轻轻地说："肖恩，我非常害怕。"我就那么站在那儿，用我全部的力气抱紧她，心却如巨石般沉重。

我安慰她说，一切都会过去，没什么大不了的，我承诺会一直陪着她一起走过阴霾，如果事情真到了令人绝望的地步，我一定告诉她，振作一点儿，鼓起勇气，我们还没到那个时候。母亲在我面前那么真实地表现出她的恐惧，在我记忆中，那是绝无仅有的一次。在我还是个小男孩儿的时候，就曾经和母亲讨论过自然中的关系、爱以及生命的问题。我们是真正的朋友，因此我们中的一个哪怕仅仅在内心发生了细微的变化，另一个就能察觉到。我们之间靠精神的脐带联系着。有人说，生活中有那么一些时候，父母和孩子会发生角色的互相转换，或者说孩子有时候会突然变成父母的父母。我总是想象当父母亲年事已高、老迈昏聩之时，我来照顾他们的情景。但情况并非如我的想象。

尽管我们都知道情况并不乐观，但是母亲和我内心的不甘、不愿服输的精神促使我们鼓起勇气，勇往直前，满怀希望，信心十足，像孩子一样，当有人告知明天会好很多的时候，我们心里便充满了喜悦。我开着那辆1973年出厂的白色别克敞篷车送她前往医院，那时狗仔队已经在门口等了好几天了。

从我记事起，狗仔队一直是我们生活中的一部分。无论是外出吃饭还是周末郊游，无论是母亲接我们放学还是带我们出去购物，狗仔队都如影随形，尤其是在罗马的时候。我还记得有一次继父开车带我去参加一个周末午餐会，一出家门他就把车开得像飞一样，我从车后窗看到后面紧追不舍的"尾随者"飞速倒退，随即他便穿入了迷宫一样的罗马街道，他这样做的目的只是想甩掉那些狗仔队。还有一次我记得更清楚。那是母亲带我去斯波雷托音乐节，一个古典芭蕾舞戏剧节，地点位于托斯卡纳和温布里亚边缘的一个中古世纪的迷人小镇。那时正赶上我刚刚辞去我的第一份电影界的工作，那份工作我几乎做了一年，我已经长出了胡须而且特意没有刮掉。我想我当时可能不愿意让别人看出我只有18岁。就这样，狗仔队在斯波雷托发现了我们，并且赶夜场给我们拍了很多照片。第二天，照片就被刊登到了报纸上，下面还配了文字说明：奥黛丽·赫本与她生活中的新爱人。当看到这份报纸时，我们都大笑不止，显然狗仔队没认出来我是谁。母亲玩笑着说："除了'新'字之外，他们这次倒是报道了一些正确的东西。"

这次事件之后，母亲开始担心狗仔队的频繁出现会干扰她和整个家庭的私生活。她也知道对付这些记者不能太和善，但是她又觉得如果狗仔队干扰别人的私生活是一种错误的话，那么这些错误全都是因为自己最初的选择，责任还是在自己这边。因此母亲对待新闻记者一直保持着和蔼、礼貌、优雅的态度。

自从母亲患病以来，在我们还不确定癌症到底有多严重的情况下，那些不负责任的小报总是毫无根据大肆渲染奥黛丽的病情如何严重，前景如何晦暗，厄运如何降临，等等。只有手术室里的几个人知道的事情，他们怎么会知道？那些连我们这些她最亲近的人都不曾获知的详情他们是怎么了解的？幸运的是，这次我们成功地甩开了媒体。那天早上，我是开着我自己的车送母亲去医院的。之所以这样做是因为没有人会相信奥黛丽·赫本会乘坐这样一辆古董级别的老爷车去医院，尽管样子还挺可爱，可是屁股后面冒着烟，看起来就像化石一样。事实证明，我们是正确的，冒险成功了。母亲躺在车的后座上，狗仔队们只看到了我和妻子坐在车里，车子顺利地上了车道，而那些狗仔队并没有像以往那样跟着我们过来。

就这样，1992年12月1日下午，母亲被推进了手术室，我们又一次开始等待。这次医生把我们叫进紧挨着手术室的准备室。手术开始还不到一个小时，医生告诉我们，癌细胞扩散得非常快，现在他已经无能为力了，只能将母亲的刀口缝合。他让我们做好心理准备，母亲没有多少时间了，不如现在尽快回去。当这些话从医生的口中说出来的时候，我感觉墙壁都软了，所有的东西都在慢慢地坍塌。罗伯特不由自主地喃喃叨念："这么有价值的一个人。"

　　我感觉一种干涩的孤独感正慢慢爬向我的喉咙。想必母亲应该已经从麻醉中醒过来了。我把心沉了沉，做了个深呼吸，轻轻推开病房的门。她看起来很平静。母亲从来不惧怕死亡，她只是不想经历那些不必要的痛苦。很早的时候，我们就曾经有过约定，不让她承受不应有的痛苦。我一直都确信，痛苦是可以被控制的。我坐在她的病床边，她抬起头看着我，微笑着告诉我刚刚有几个疯狂的女人过来，把她摇醒问她有没有参加总统大选的投票，比尔·克林顿已经获胜成为新一任的美国总统。还说她记得几个小时前还是几天前，她还担心他能不能获胜呢。她告诉那些女人，她不是美国公民，当然也没有选举投票权。在那之后一个医生讲师带着他的学生也来了，她又被吵醒了，一群年轻的准医生还对她的刀口指指点点说些什么。

　　医院现在已经变成一个充满伤害、躁动、混乱的地方了，甚至连安静的休息环境都提供不了。听完母亲的诉说，我感觉我浑身的血都涌到了嗓子眼儿，不过我知道这不是生气的时候。

　　因此平静下来之后，我把医生告诉我们的话原原本本地告诉了母亲，病情已经太严重了，手术已经无济于事了。她将目光移向远方，平静地说："好失望啊！"随即我们谁都没有再说话。我握着她的手，平生第一次感到自己是那样的无力。

　　从某种意义上说，那天是母亲去世的日子。我们一起静静地坐在那间病房里，默默地握着彼此的手，心里想着同样的事。

　　也许这就是现代医学能够提供的最好的帮助：及早诊断。这使我们有机会可以完整地享受上帝赐予我们的时间，避免突然得知深爱的人逝去时的震惊和悲痛，也免去了生前没有机会说"谢谢"或者"你是我生命的全部"的遗憾。或者可以说，确诊后的这些时间就是为了让你日后不去为很多未了的心愿而后悔才存在的。

所有人的心情都跌入了谷底，随后的两个月是痛苦的，却也是美丽的。我们不再为什么而等待，我们从各种疑虑、苦闷以及无力的压迫感中解脱了出来。我们所做的就是互敬互爱，互相珍惜，认认真真对待每一天的生活，就好像明天就是最后一天一样。

我们在瑞士的家庭医生经常说："人活着的时候过得充实，死的时候也会走得安详。"这两点母亲有幸都做到了。

几星期后，我们用母亲的老朋友休伯特·纪梵希送来的一份珍贵礼物离开了康妮的家：他安排好朋友的私人飞机送我们回到了瑞士。母亲一生都不喜欢炫耀，这样高调的生活方式从来没有在我们身上发生过。其实，要说购买一架私人飞机，母亲不是没有那个能力，但她从来没动过这个念头。然而，这次飞行还是苦乐参半，无论如何，用这样的方式回家当然是正确的。母亲出院之后我们一直希望带她回到瑞士的家中过圣诞节，但是如何带着一位重病患者做洲际旅行的确让我们一筹莫展。当我把休伯特的建议告诉母亲时，她激动得眼里噙满了泪花，感激之情溢于言表。她催促我赶紧给休伯特打电话，电话接通后，把话筒递给她，她激动得几乎说不出话来，她用法语不停地说着："休伯特，我太感动了。"

挂上电话之后母亲兴奋得就像个孩子，她几乎无法相信自己的耳朵。"他对我说，我是他生命中的全部。"能够在这个时候表达出彼此之间的这种感情，我相信应该是认真的。

纪梵希与母亲

休伯特·纪梵希不仅仅是母亲服装的提供商，也是优秀男人的经典代表。母亲曾经这样对我们说："想要成为一个绅士，就要像这个词本身描绘的那样，也就是说你必须首先是一个有教养的男人。"这句话太像是为休伯特"量身定做"的了。可以说是纪梵希和母亲两人一起创造了奥黛丽·赫本清新脱俗的形象，也创造了一个奥黛丽·赫本式的独特风格。母亲将纪梵希设计的服装视作美丽的花瓶，能够让一枝普通而简单的野花变得更加美丽；而纪梵希则把自己设计的服装看作毫不起眼的普通花瓶，在具有高贵气质的花朵天然美丽的衬托下才显得与众不同。经过他们两人的通力合作，母亲被舆论认为是世界上最高雅、最时尚的女人。事实上，这种典雅和考究根植于他们二人内在的价值取向，是自然、谦逊品质的自然流露，而非刻意营造。

休伯特经常开玩笑说，母亲即使只是披着一个装土豆的麻袋，也显得很高雅。然而"小黑裙"究竟意味着什么？是灵魂的放大镜？一个有着低调包装的礼物是不是应该源于内在而不应该只注重价格？它显然象征了全部，以至于当母亲穿着这条裙子出现在世界各地时，无论年轻的女孩儿，还是中年妇女，甚至是年老的阿姨都觉得非常好。它代表了来源于纯净心灵的良好价值观，而不是价值观的缺失。

母亲有一种观点，她认为每个女人都应该找到一种最适合自己的着装风格，在这个基础上，再根据流行时尚和季节变换进行装扮和修饰，不要做时尚的奴隶，一味地去模仿明星。她总是告诫我们穿衣服要尽量朴素随意，她说："穿着休闲装出现在要求着正装的场合，总比穿着正装出现在非正式场合好得多。"

从某种程度上说，母亲的时尚哲学更符合那些老派绅士的审美习惯。在生活中，我们经常看到一个男人数十年如一日地保持着一种着装风格，但是这样做的女人很少见。本着这个最根本的原则，母亲会根据要出席的场合来选择适合的衣服。同样，在研究剧本里所要扮演的角色时，她也如法炮制，先考虑场景，再看什么样的衣服适合在这样的场合穿，而不是机械穿上现成的服装。

与休伯特合作，母亲从不为自己的衣服担忧。她认为对于衣服，没有什么比质地更重要。古巴人有一句谚语这样说："便宜的东西往往最终会花掉

右页：奥黛丽与时装设计师休伯特·德·纪梵希（Hubert de Givenchy）步行在巴黎塞纳河畔，1982年。自他们第一次见面以来，差不多30年过去了。留存的是美妙的记忆和毕生的友谊。雅克·斯堪得拉利（Jacques Scandelari）拍摄。奥黛丽·赫本个人藏品

184

上：1960年，奥黛丽与休伯特·德·纪梵希已经是7年的朋友了。他因为我的洗礼拜访了奥黛丽，还随身带了一件洗礼用的长袍——我们迄今仍保留着。梅尔·费勒拍摄

右页：与休伯特·德·纪梵希在电影《龙凤配》的拍摄现场，1953年11月3日。这是他们多次合作拍片中的第一次。奥黛丽·赫本个人藏品

上：电影《龙凤配》的试装照，1953年9月22日

左页：影片《蒂凡尼的早餐》剧照。这幅照片抓住了蒂凡尼的早餐中一个聚会的场景。当处于影像中央的奥黛丽刚好站定静止的瞬间，摄影者利用延时技术拍摄了这幅照片。许多人说，即使我母亲披的是棕色的纸袋子也一定很优雅。而我更喜欢她披着窗帘的这幅照片

下：在电影《龙凤配》的拍摄现场。萨布丽娜
（Sabrina，赫本饰）在火车站，正要从巴黎返回。
威廉·霍尔登（William Holden）饰演的戴维驾车路
过，看到了萨布丽娜，于是让她搭车回家。他并没有
意识到萨布丽娜就是自家司机的女儿，而她全身心地
迷上了他。1953年10月6日

右页：影片《蒂凡尼的早餐》剧照，1961年。每个演
员都有一部对其演艺生涯具有决定性作用的影片，以
至于成为他职业生涯永远的一个参照点。《蒂凡尼的
早餐》对于我母亲来说，就是这样一部电影

上左：影片《蒂凡尼的早餐》剧照，1961年

上右：影片《甜姐儿》供宣传用的剧照

下左：影片《巴黎假期》剧照。我母亲曾认为，那是唯一一部"不及"她其他作品的电影。然而，它的拍摄过程就是一种乐趣。所以我母亲经常告诫我，不要把拍电影的体验与其最终产生的结果联系起来。文森特·罗塞尔拍摄

下右：影片《巴黎假期》用于宣传的剧照

左页：影片《蒂凡尼的早餐》剧照，1961年

下：影片《谜中谜》剧照。与片中合演者卡里·格兰特
（Cary Grant）在一起。影片摄于巴黎，由斯坦利·多
南执导。经环球影片公司许可在本书使用

右页：经典纪梵希外套和帽子。经典面容、经典时刻、
经典电影。文森特·罗塞尔拍摄

你更多的钱，而昂贵的东西往往最终会为你省下不少钱。"便宜的东西虽然价格低，但是往往不耐用，而有些昂贵的东西虽然价格高，但是品质很好，可以用很久，当然，现实中也不乏价格很高但品质一般的东西。

与衣服相比，鞋子对母亲来说同样很重要。材质是品质的基本保障。一双好鞋，它的尺寸应该比脚大半号，这样，当穿的时间稍长些的时候才不至于使脚变形而有损健康。如果你有一双好鞋子，你甚至配一件简单的衣服看起来都不错。萨尔瓦托雷·菲拉格慕（Salvatore Ferragamo），一名富有传奇色彩的制鞋者，也是母亲的好朋友，他在自传的前言中曾经提到，当他看到一双以时尚和虚荣的名义备受折磨和伤害的脚时，心里是何等痛苦。这也许可以解释他为什么能够成为有史以来最伟大的制鞋者。他设计鞋子的动机和出发点非常单纯，只想着如何让穿鞋的人更舒适。某些东方的哲学理论认为，脚是贮存人的精神和灵魂的地方。照这样说，为人们的精神做衣服，这是一项多么美好的事业啊。

"少即是多"，这是母亲穿衣哲学的精髓。休伯特一直记得他与母亲第一次见面的事。那时候他在工作室里接到一通电话，说赫本小姐正在巴黎，想约他见面讨论一下关于能否在下一部电影中合作的相关事宜。约会的时间地点很快就敲定了，一想到自己将要约会甚至有可能合作的是大名鼎鼎的凯瑟琳·赫本小姐，休伯特心里就很忐忑。

说到休伯特打开大门的惊讶时，他忍不住笑了。原来当他怀着七上八下的心情打开大门的时候，他并没有看到凯瑟琳·赫本小姐，而是发现门阶上站着一个穿着威尼斯船夫外套的小女孩儿，脸上还带着顽皮的笑。如此大的落差，让休伯特忍不住当时就笑了出来。除此之外，令休伯特同样印象深刻的还有在见到她的一瞬间产生的化学反应，从见到母亲的第一眼开始，他就确定要用心为她设计服装。

风格这个词现在我们经常能听到，对母亲来说，风格是内在美的延

上左：电影《偷龙转凤》剧照，1966年。皮耶路易吉拍摄

上右：电影《偷龙转凤》剧照

下左：在《偷龙转凤》拍摄现场。与好莱坞影星彼得·奥图尔（Peter O'Toole）及导演威廉·惠勒在一起

下右：在《偷龙转凤》拍摄现场。与歌剧界的传奇人物玛丽亚·卡拉斯（Maria Callas）在一起，1966年。皮耶路易吉拍摄

伸，源于对生活的热爱、对他人的尊重以及对人类的希望。如果说她的风格是清新高雅的，那么是因为她相信简单的力量；如果说这种风格是永恒的，那么是因为她崇尚品质；如果说时至今日，她仍是一个潮流追随的偶像，这是因为她曾经找到了属于自己的时尚，并且为之坚守了一生。她从不跟风，也从不每季都换掉所有的衣服。她热爱时尚，但她只把时尚当作工具，借以点缀和渲染自己的风格。

"注意着装，"母亲总是说，"因为着装是你给别人的第一印象。"她从不穿夸张抢眼的衣服出现在人群中。她始终如一地信守自己的信条。母亲从没觉得自己有多特殊、多与众不同，因此她总是努力地工作，乐此不疲。她的时尚风格是她做人风格的延伸。她成为令我们所有人都尊敬的人，不是因为她外在的风格，而是当你走近她后，会深深地被她的机智、坦率和百分之百的真诚所打动。

左页：左萨尔瓦托雷·菲拉格慕的制鞋工厂，意大利的佛罗伦萨，1954年。他们始于1954年的友谊差不多在奥黛丽70岁生日时达到顶峰。那时，萨尔瓦托雷·菲拉格慕每年营业额达50亿美元以上，已是时尚界的巨头。他和奥黛丽·赫本儿童基金会开始从事一项风险事业，即为奥黛丽·赫本儿童机构筹措资金。该机构设于美国新泽西州的哈肯萨克大学医疗中心，造价超过600万美元。这些设施于2002年对外开放，每年可收治1000个以上受虐儿童。资金和收入一方面源自联邦政府和州政府的募捐，另一方面来自菲拉格慕为筹款创办的巡回展览——奥黛丽·赫本：一个女人，一种时尚。此次展览从欧洲到远东，持续时间达两年之久。照片由福托·洛基公司费伦泽提供

上：电影《偷龙转凤》剧照。雷蒙·万凯尔（Raymond Voinquel）拍摄

下、右页：电影《偷龙转凤》剧照

上：在影片《甜姐儿》拍摄现场、与理查德·埃夫登在一起。拍照者不详。奥黛丽·赫本个人藏品

左页：影片《甜姐儿》供宣传用的剧照。巴德·弗雷克拍摄

上左、上中：1963年。伯特·斯特恩拍摄

上右：1964年。塞西尔·比顿拍摄

右页：1963年。伯特·斯特恩拍摄

左页：纪梵希的"禁锢"香水（L' Interdit）的广告，1967年。休伯特·德·纪梵希推出了"禁锢"香水——他的第一款香水。因为这瓶香水被送给了我母亲，所以也是他的第一瓶名人香水。这张照片因被许多杂志采用而远播世界。2002年，我们与纪梵希（香水）公司合作，再次发布了一款现代版本的香水。伯特·斯特恩拍摄

下：奥黛丽与休伯特·德·纪梵希在东京的高级定制时装（Haute Couture）展示会上，1983年4月。我们以家人身份也去了日本，来庆祝纪梵希品牌诞辰30周年。对于奥黛丽首访日本可能出现的情况，我们并没有丝毫准备。时至今日，她仍然是日本最受喜爱的女演员之一。拍照者不详。奥黛丽·赫本个人藏品

生命依然静静地奔涌，静静地燃烧，

在这寂静之中，

灵魂美妙的飞翔及来自灵魂深处会心而妩媚的微笑，

让我泪流满面。

第 五 章 CHAPTER 5

孤 寂 的 灵 魂

索马里之行

索马里是母亲在联合国儿童基金会工作时出访的最后一个国家，可能也是最重要的一次出访。当时，那里的情况非常糟糕，处于极端混乱的状态。母亲和罗伯特等了将近一年的时间，一方面要清除这次出访的障碍，另一方面还要筹措资金。当这一切都准备停当、母亲询问如何办理进入这个国家的签证时，却有人微笑着给了她这样的答案："去那里不需要签证，那里根本没有政府。你需要做的就是乘飞机飞过去，同时还要祈祷你乘坐的飞机不会被击落。"

前左：在一个索马里难民的营地，位于肯尼亚东北部，1992年9月，当时的照片保存不多。罗伯特·沃尔德斯拍摄

右页：索马里，1992年。贝蒂出版社提供照片

在此之前，世界上还没有人有机会直击这种灭绝性的种族屠杀行为以及成千上万人挣扎在死亡边缘、饥寒交迫地挤在难民营中的景象。在母亲那次访问行程结束之后，所有舆论和关注仿佛都聚焦到了那里。最后，国际社会采取了一些措施，试图来制止这场灾难，然而这些行动看起来已经太迟了，还有一些是受到舆论的误导而显得不够得当。这些是我在电影《超越边界》中所看到的，场面十分震撼，印象非常深刻。

任凭母亲在索马里的工作有多出色，经过索马里之行以后，在她心里面始终充斥着对于社会上这种不公正的愤恨，社会对待那些羸弱的下一代的做法让她无法接受。她在一次采访中说："我心中充满了对于人类自己的愤怒。"仔细想想，她怎能不愤怒？她亲身经历过战争，也听过堂而皇之的忏悔的声音，"所有的这一切都不会再发生了"，可是不幸的是，那又怎么样呢？事实上这种惨剧依旧在永无休止地重复上演，一次又一次地开始，一次又一次地结束，之后又是开始。

与此同时，她觉得自己可以在任期内做出最有深远意义的贡献：因为社会上对她的关注度依然存在，并且兴趣不减，这样的话她就有可能聚集社会各界的舆论力量，共同关注索马里，并使之引起更广泛的关注。

我们曾经发誓绝不让大屠杀重演。然而，她给我们讲述了一个令人悲哀的事实：在非洲，大屠杀每天都在发生，而且完全没有休止的迹象。大量的难民流离失所，情非得已被纳入收容营，他们在陷入极度绝望和精疲力竭之后，无奈只能去求助，把这里当成最后的归宿。此时他们已经没有了不能养活自己和家人的耻辱和羞愧。往往在接受战败的事实、走进收容营之前，他们就已经失去了挚爱的亲人。此后，他们宁愿离开祖先的居住地，背井离乡，同时，也脱去了所有的荣耀和自尊，财富更是荡然无存。

我在想，我们中间的一些人会不会用充满审视和鄙夷的心理偷偷地想，毕竟都已经过了这么多年，为什么他们还过着这样的生活？怎么一点儿改善都没有？可是，我们再想想，他们拿什么摆脱这种境况？绝大多数的发展中国家，都存在着一种矛盾的状况。一方面他们不断地战争，另一方面他们又几乎一无所有（按照我们的标准）。首都以外的地方，几乎没有道路、学校和医院这些基础设施，根本谈不上发展。这也是在母亲逝世之后，我们做的第一件事情就是在美国建立联合国儿童基金会"奥黛丽·赫本纪念基金"的原因。母亲相信要改变这一情况的唯一途径就是通过教育，而我们的"奥黛丽·赫本纪念基金"的主旨正是教育。我们的基金会在母亲认为最困难、最需要基础设施的4个非洲国家率先开展了教育计划，分别是索马里、苏丹、埃塞俄比亚和厄立特里亚。在基金会成立的第5个年头，我们又把卢旺达列入其中。今天，我们的基金会已经开始了一个新的10年计划，我们所承担的义务也正在增加。现在我们正在参与联合国儿童基金会"让所有孩子上学"的项目，这个项目的目标是让全球1.2亿孩子能够有机会接受基础教育。

有人认为，这些发展中国家发展缓慢是由殖民统治的后期退出造成的。这种说法显然是错误的。这只能说明有些人不愿看到发展中国家的人民独立自主。母亲说："自由是自治的前提。"然而不幸的是，那些发展中国家虽然获得了自由，但所有殖民时期遗留下来的基础设施都是临时性的，更为悲惨的是那里的民众几乎都没受过教育。她以前说："像越南、古巴这样的国家，他们的受教育人口比率很高，甚至超过美国，同时也有基础设施。那么他们完全有能力依靠自身的力量重建家园。"而非洲的情况则大相径庭，这可以解释为殖民统治的后遗症。

"还有什么比孩子更重要？"这是母亲在接受采访或者发表演说时常用的一句开场白，她这么说并不是故意唱高调，她相信这句话包含着一个毋庸置疑的事实：有什么能比人类的生存更重要？有吗？在人的一生中，还有比童年时更需要爱、温暖、关怀、食品和教育的时期吗？

从某种角度上说，"全球"这个词一般只有在与"经济"相关联时才会引起我们的注意。当巴西和日本的经济开始下滑，由于世界经济衰退导致我们投资在股市上的财产日渐缩水的时候，我们烦恼，我们焦虑，我们束手无策。除了等待和观察我们别无他法。但是，当我们自己的孩子正在经历贫穷、饥饿，因为最基本的生活资料缺乏而垂死挣扎时，我们可以做的却远远不只是等待和观察，而且获得这种生活资料的花费仅仅是每人每天1美元。

她还提醒大家说，同在地球上生活的56亿人口中，其中有30亿人每天的生活成本不足2美元，还有2亿人不足1美元，另外还有15亿人连干净的水都喝不上。这意味着，我们这9亿人生活在一个世界，另外的47亿人则生活在另外一个世界。两者之比值大约是1∶5。很久以来，她都在思考这样一个问题：我们要怎样才能改变这种状况？"他们的孩子死于饥饿，我们的孩子为肥胖而头疼，这样的世界我们就能心安理得地接受吗？"

母亲在1988年3月说："因为世界先我们而存在，世界本来也是不公平的。但是世界只有一个，并且它正变得越来越小，人与人有更多的机会相互接触。从道义的角度上说，富有的人帮助一无所有的人是一种职责。"

她不止一次地提醒人们，只需要用发达国家国民生产总值之和的1.5%就可以彻底摆脱这个噩梦。当我们的孩子日后讨论起他们的前辈曾错过了生命中的最佳时机时，他们会怎么看我们？

世界是一个村落

下面这段引用的资料是我在查询母亲的研究材料、阅读的大量论文和几百份报道时发现的，是世界银行行长詹姆斯·沃尔芬森先生的一篇演说，发表在联合国儿童基金会报告和报纸上，母亲把这部分特地画了出来。

47亿发展中国家的人民给美国提供了400万劳动力。第三世界的需求和经济增长正在以高出我们一倍的速度发展。目前，这47亿人占有世界生产总值的18%。25年后，这个数字将会达到30%。但是在他们取得经济发展的同时，也在污染着我们的空气、水和环境。那么谁将为此埋单呢？是我们！还有我们的孩子！环境的恶化必将开始影响我们的生活。很长时间以后，人类才能采取措施进行应对。实际上，这种影响已经开始了。臭氧层的空洞就是最好的例子。那么为什么美国要承受这个问题的冲击呢？那是因为美国占有世界经济总量的55%，就如同日本占有远东经济总量的75%一样。如果你把发达工业化国家的国民生产总值加起来，我估计能占到全世界经济总量的90%。

她说："你有过疼痛的经历吗？如果有过，你就会记得如何用止痛药来止痛。而生活在发展中国家的47亿人，正在遭受着各种形式的疼痛：失去亲人、饥饿、疾病、干旱、战争、卖淫、人权的丧失、酷刑等。但是即使是这样，他们也在尽力地维护自己的尊严和体面。"

当我看到我们曾面临的那些重大灾难时，我会禁不住自我解嘲。但是我确信，无论是沃尔芬森先生还是我母亲，在面对这些生死攸关的问题时，谁都没有任何讽刺挖苦的意思。相反，他们是以从那些穷人身上发现的单纯以及他们高贵的心态和语气来发言的。

意大利有一句非常精彩的谚语：整个世界就是一个村落。母亲非常喜欢这句话。无论你到任何地方，你所遇到的问题几乎都是相同的。这也是沃尔芬森先生在成为世界银行行长之后，历时3年半的时间走访了85个国家之后得出的结论。

我领悟到的第一件事就是，全世界的人都是一样的。

无论是中部非洲贫穷的村落，还是巴西的贫民区，父亲或者母亲都关心子女的未来。我领悟到的第二件事是，所有的人们都不希望得到施舍。他们想要的是机遇和机会。

我觉得，居住在贫民区和贫穷村落里的人都是世界上最高贵的人。我把一半的时间都花在了和贫民区以及乡村里的人打交道上。事实上他们从来都不是人类里的可怜人。你也许会因为他们所处的生存环境而怜悯他们，但是他们拥有巨大的内在力量，这是前所未闻的。我一直理解不了这些地方人们的文化精神力量会如此强大。

我过去也常去旅行，但是只是出入于宾馆饭店，或者娱乐场所以及其他的地方，我从来没有去过农村。从书信或文件中我永远也无法得知一个世界上最贫穷的国家竟然拥有2000多年的历史。在历史上，他们帝国统治的疆域竟然远达埃及。我也从来不知道中美洲的历史原来可以上溯到3000年以前。这些人，如果有机会的话，他们定会创造出惊人的业绩。然而，现实常常令我陷入悲观，发展中国家的人，他们中蕴含着改变命运的能力，但是他们缺少这样的机会，这又回到了前面的问题上。不过现在我比以往能更加乐观地看待这些人了，我相信他们。但是我现在对世界各国的国会和议会中无休止的争论感到失望。我们的国会对于事关未来的话题避而不谈，只关心眼前利益。不仅美国一个国家如此，整个世界都缺乏有远见的领导者。绝大多数人不关心，那是因为他们根本看不到。

我的这些言论也许会像被抛掷于茫茫旷野中一样，显得微弱而无力，就算遍布银行中的我的1万名同事一起努力，与整个世界相比，依然显得太微不足道了。但是，以我60多年的人生阅历，我还是要说，我们现在所投身的事业，定会使子孙后代受益匪浅，使他们的生活变得不同。我对此坚信不疑。

这里面所提到的那些孩子的父母亲一定是我母亲曾经遇到过的人。

有趣的是，尽管母亲被这些话深深地打动，但我感觉她自己从来不会把话讨到这么深入的程度。她非常敬佩那些政治家和经济学家，她相信只有他们才是解决这些问题的领导者和舵手。母亲非常明白自己所处的位置和能力，她知道自己什么事情能做，什么事情不能做。

但是，母亲知道她在说什么，她曾经跟我们说起过关于人类的内资能力方面的话题。她尽其所能地多读书，努力地提高自己的见闻和学识。

她认为作为一个演员，慈善对她而言还是个全新的领域，必须多用心钻研才行。

可以毫不夸张地说，相对于那些只是把"人道主义"当作工作的人来说，母亲是把"人道主义"当成了毕生的事业，她投入的热情和心血可见一斑。

母亲在索马里看到的一切令她异常震惊，从情感上她无法接受这样的现实。也难怪，这样的事又有谁能接受呢？即便是一名接受过职业训练的医护人员，也不可能在面对这么多人间惨剧时保持无动于衷。

尽管已经出离愤怒，但是母亲内心的优雅平和还是令她克制住了激动的情绪："我相信这并不是整个社会的集体犯罪促成的，但是我认为既然已经发生了，那么整个社会都应该为此负一点儿责任。"母亲的意思显而易见，扪心自问，我们是不是都应该为非洲那些在生死线上徘徊的儿童做点儿什么呢?

前美国第一夫人希拉里·克林顿曾经在她的著作中引用过这样一句非洲谚语：养育一个孩子，需要集合整个村落的力量。母亲经常提起这句谚语，她是这样理解这句话的：要想养育一个健康优秀的孩子，仅仅依靠父母、老师、医生、朋友等等任何个体的力量都是不够的，唯有大家团结起来，才能共同为孩子营造一个健康的成长空间。母亲的意思倒不是说，我们要负责照顾我们这个星球上的每一个孩子成长。她只是认为，当孩子的成长环境和人权受到威胁和践踏的时候，我们应该消除国家之间政治或者经济的壁垒，必须找到一个解决问题的办法，共同面对问题、消灭问题。

当今世界，区域之间的合作比以往任何时候都更加频繁和紧密。欧洲已然成为一个同盟，美国、加拿大和墨西哥也成立了北美自由贸易区。甚至曾有预言家做过这样的估计：未来我们的星球将会成为一个大联邦。我们梦想在未来的世界里，人类能充分沐浴和平的阳光，并且也不会再受到疾病的困扰。互联网的发展让我们能够随时联络到任何你想联络的人，但是也请大家不要忘记，世界上还有50%的人从来没有用过电话。

母亲希望我们能够继承这一目标，坚持不懈地走下去。在实现最终目标之前，不能因为任何原因止步不前，直到有一天历史的发展因我们的努力而有所转变。也许我们终其一生也看不到这一天，但是我们的子孙后代会继承并发扬我们的事业。只有这样，我们的下一代才不会受到惩罚，他们的人生才不会迷失方向。

只要所有的发达国家都拿出国民生产总值的0.5%，就足以帮助所有的发展中国家渡过难关，把最基础的问题解决掉之后，他们就可以自力更生，创造富裕的生活。相反，如果不这样，那么10年、20年，乃至30年的社会动荡将会带给人类怎样的灾难？一个在到处都充斥着毁灭的环境中长大的孩子，我们能指望他会信任我们，和我们一起共同创造未来吗？

母亲说过：“如果让我把所有想说的话概括一下的话，那么在我咽下最后一口气之前，我都会为那些人陈述。那些埃塞俄比亚的人，他们唯一的愿望就是走出困境。联合国儿童基金会给了他们一把铁锹，目的是让他们挖出一眼井水，用以灌溉他们的未来，而不是要他们为自己的孩子挖掘坟墓。”

母亲说，在非洲，她从来没见过有人擎起双手乞求施舍，相反，她看见的是那些不幸的人却依然举止高贵。虽然他们生活在一个条件恶劣、发展缓慢的极端环境里，很多方面都无法与发达国家的人相提并论，但是他们并不怨天尤人，也不憎恨生活。

罗比和约翰·艾萨克都是联合国儿童基金会的摄影师，他们曾经给我讲述过一件事，一件我永远也不会忘记的事。那时在索马里的难民营里没有人知道母亲是谁，他们只知道，每次带有联合国儿童基金会标志的飞机降落之后，都会从机舱里走出来一个女人。她太瘦了，几乎和他们一样，但是她举止端庄，文雅而平和，眼里充满了真诚和善良。有一次，在访问即将结束的时候，这个女人走进了一座简陋的房子，很多饥饿的孩子排成长长的一队，在那里等待领取联合国儿童基金会给他们分发的食物。当时索马里的情况非常糟糕，当地的人们只能用麦片粥充饥。她走过去与那位正在分发食物的联合国官员交谈。在长长的队伍中间，有一位小女孩显得很特别。因为饥饿，她看起来有些虚弱无力。她急切地不断向前张望，当目光触及那个女人时，她呆住了，也许是这个女人身上散发出的温柔和母性令她在那一瞬间产生了一种冲动。看得出那个女孩儿眼里充满了挣扎，摆在她面前的是两样人类最基本的东西：为了生存，她需要食物；而为了希望，她需要被关爱。而后者往往只有从母亲那里才能获得。当她排到队首的时候，她看了看自己的盘子，又看了看食物。最后她扔下手中的盘子，不顾一切地向那个女人跑过来，紧紧地抱住了她儿。这个女人非常镇静，随即也紧紧地拥住了那个小女孩儿。她们两个人的眼睛都湿润了。那一刻，对那个小女孩儿来说，情感的需要超过了生存的需要。她可能一辈子也忘不了，曾经在那样难熬的年代，她从一个神秘的女人怀中得到了温暖和希望。

罗比和约翰在跟我讲这个故事的时候，眼里都含着泪。约翰是我们这个时代最伟大的摄影师之一，他的相机下不会错过任何有价值的画面。可就在当时他放下了相机，为了让这一刻完完全全地只属于母亲和这个小女孩儿，他放弃了拍下一张经典照片的机会。

人们常说，生活的质量比数量更重要。母亲为自己在联合国儿童基金会中从事的工作而感到自豪。虽然有很多时候，由于长时间的饥饿和疾病，一些孩子已经到了无法挽救的程度，但是至少他们还可以帮助这些孩子在弥留之际获得安然和平静，免除了很多痛苦。

母亲认为，与其让一个由于长期营养不良而濒临死亡的孩子带着被虐待、童工、雏妓或者战争的记忆死去，她宁愿让他死在充满温情和怜爱的母亲怀抱里，即使抱着他的这个人并非他的生身母亲。

母亲曾经满怀同情地给我讲过一件她在吉斯迈乌遇到的事情。那里是她到达索马里之后去的第一个救助营。在那里她看到一个双目失明的小女孩儿正沿着救助营边缘的篱笆摸索着向前走。她身上穿着一件蓝色的衣服，已经破烂得不成样子，一大群苍蝇和飞虫围着她飞来飞去。母亲当时心里一震，对她来说，这个小女孩儿简直就是千千万万过着悲惨生活的索马里儿童的一个缩影，她被这个世界遗弃了。于是母亲试图过去安慰她，帮助她找到她要走的路。然而就在那一瞬间，小女孩儿脸上的微笑荡然无存，取而代之的是冷漠。也许经历了太长时间的苦难和孤独，她已经不习惯别人的帮助和爱护了。

母亲常说，设身处地地为他人着想是一种美德。母亲一辈子都在锻炼这种能力，就像锻炼肌肉一样。这种美德也许是她与生俱来的，再经过岁月的打磨，越发熠熠生辉了。这种换位思考的价值是不可估量的。它好比一台显微镜，通过它，她能看到或者感受到别人的灵魂和内心的感受，这一点对她的演艺生涯帮助也很大。而在联合国儿童基金会工作期间，这种能力又成了一个放大镜，通过它，那些孩子所遭受的痛苦被放大了数倍，这令母亲感同身受。比如这个失明的女孩儿的事，讲述的时候，母亲的情绪久久未能平静。

母亲形容这种状况为"情感饥渴"，"一种不是用食物能够满足的饥渴"。那些孤苦无依的孩子是母亲不能触碰的雷区，敏感至极。母亲曾经写道："成人的忽视和羞辱是抹杀孩子信任、希望和想象力的武器。"

母亲本意想靠近这个失明的女孩儿，跟她交流，安慰她，帮她排解困难和孤独，然而被她拒绝了。也许在她的世界里，空虚和痛苦就是全部。

或许正是母亲内心隐藏的悲伤征服了世界，获得了人们的赞赏。悲伤已经深深地刻进了她的整个生命，尽管最终找到了和平和爱，悲伤却早已写进了她的灵魂。她为什么能够成为浪漫多彩的世界里最受欢迎的时尚偶像，成为情感世界里的圣女贞德呢？她眼里的忧伤分明已泄露了所有的答案："我明白，我明白现实到底是什么样子的，但是请让我梦想，让我成为你的安提戈涅①。"母亲从来没有向现实妥协，她一直珍藏着自己的梦想：梦想有一天她的父亲会突然出现在她面前，把她搂在怀里；梦想有一天士兵们从战争中消失，孩子们都可以无忧无虑地成长；梦想有一天，所有的孩子都拥有健康、幸福和快乐的权利。

在发达国家，人权受到保护。但是在很多发展中国家，生命根本与价值两个字不沾边儿。孩子是明天的希望，但是他们没有保护自己的能力，所以他们的处境往往较成年人更糟糕。

如今，电视将这些孩子所遭受的痛苦转告到了千家万户，这让母亲多少感觉到一点儿安慰。她从索马里回国之后，有人问她政治在这幕人间惨剧中扮演了什么角色，母亲回答说：

政治对我而言是很难懂的命题，因为政治的手段扑朔迷离。不过我理解的政治的定义是，为人民、为人民的利益服务。人道主义的意思是为人类谋求福祉。也许理想中的政治，应该对人类遭受的磨难做出及时合理的反应。这是我的梦想，也是我引用下面这个例子的原因：在索马里，在人道主义的帮助下，时局不至于彻底陷入混乱。随着时间的推移，政治化的人道主义必将取代现有的人道主义化的政治，我希望这一天早日到来。这也是我希望前往索马里的原因之一，并不是因为我能够做很多，而是因为那里的情况还不能被更多人所了解。如果我能够让更多的人关注那里，哪怕仅仅能为一名儿童大声疾呼，就已经足够了。

① 底比斯王俄狄浦斯之女，因违抗禁令而自杀身亡。

和你在一起，朝着那梦想的方向……

和你在一起

一篇演讲稿

回顾母亲的一生和她取得的成就，在她为社会所做的诸多贡献中，最令我为她感到骄傲的是她为儿童所做的工作。她在联合国儿童基金会工作了18个月后，写下了这篇演讲稿。通过这次演说，能听到的不只是她的声音，还有她的责任感、她的灵魂和她深刻而直率的真性情。

联合国儿童基金会亲善大使
奥黛丽·赫本女士对联合国工作人员的演讲

就在18个月前，我有幸成为联合国儿童基金会

前页：苏丹，1989年。杰里米·哈特利拍摄

右页：联合国儿童基金会活动。鲁比·梅拉拍摄

上：索马里，1992年。贝蒂出版社提供照片

的一名志愿者。在此之前，每当在电视上或者报纸上看到发展中国家那些妇女和儿童的悲惨遭遇时，震惊之余我更多的是无限的绝望和无助。

而现在，当我再看到这样的报道时，感觉上已经不那么无助了。因为我知道联合国儿童基金会以及其他一些组织、机构、教会、政府等，大家都想尽办法，努力地在帮助他们。尽管如此，我们能做的还有很多，我们还能为那些身处险境的孩子做更多的事情。他们中的很多人现在处于仅仅能够活命的状态，生存对于他们仍然是亟待解决的问题。而有这样一个事实，我们一定要明白——他们所需的物质帮助相对于整个世界的经济总量来说，比例是微不足道的；可以这样说，拿出世界经济总量的0.5%，就足以改善地球上最贫穷地区的状况，使那些人在今后10年获得基本的生存所需。换句话说，真正不充足的不是人类的资源，而是人们的意愿。

人们最常问我的一个问题是：你为联合国儿童基金会真正做了什么？显然，我的职责是通过自己的宣传和助推，使社会上更多的人了解并意识到儿童的需要。很遗憾我不是一位教育家、经济学家、政治家、宗教学家或者文化专家，否则，我将会更深层次地了解当今世界的儿童问题。然而，虽然我不是上述任何一种专家，可我是一位母亲。作为一个母亲，我很痛心地看到那么多儿童处在营养不良、疾病和死亡的威胁之中。无须知道确切的数字，只要看看那些瘦小的脸庞和病痛中依旧清澈的眼睛，你就会明白他们生活在怎样的环境中。他们之所以出现那些症状，都是严重营养不良造成的。尤其是维生素A的缺乏，会导致眼角膜受损甚至部分或完全失明，几周之后可能就会死去。在印度尼西亚、孟加拉国、印度、菲律宾和埃塞俄比亚等国，每年会发生50多万此类病例。时至今日，实际上有上百万的儿童正在受到失明的威胁。毫无疑问，包括我在内的基金会志愿者们在全世界游走穿行，目的不仅仅是最大限度地寻求社会对基金会的资金支持，同时也在向那些地区的人普及最基本的医疗常识，告诉他们如何正确抚养孩子。事实上，每年只需要84美分就可以使一个孩子远离失明的威胁，而84美分只是两片维生素A的价格。

　　很久之前我就知道联合国儿童基金会这个组织。大约45年前，在刚刚经过战火洗礼的欧洲，遍地都是饥寒交迫的儿童，迫切需要联合国儿童基金会的援助。我就是他们中的一个。战争结束后，我们从饥饿、压迫和持久的暴力中解脱了出来。但是我们当时几乎一贫如洗，就像现在很多发展中国家那样。贫穷是一切苦难的根源，贫穷致使人们丧失了拯救自己的能力。这就是联合国儿童基金会要做的——使人们重获帮助自己的能力，给予他们发展的援助。在发展中国家，沉重的债务使得穷人更加贫困，而最贫困的人则负担最重。而此间受伤害最大的莫过于妇女和儿童。

　　与干旱、洪水或者地震等自然灾害不同，贫困往往并不会被媒体所关注，因此在世界范围内也就得不到人们的关注。贫困问题不只在特定的地方发生，它在世界各地的贫民窟、棚户区和偏远的村落广泛地存在。贫困问题也不只在特定的时间发生，多年以来，贫困人口一直在持续增长。贫困问题没有在电视台的新闻里被报道，但是它实实在在地存在着，并且威胁着上百万人的生存。贫困问题的发生，也不只是由某一个原因造成的，但其中一个重要的因素不容忽视，那就是发达国家工业化生产和这些发展中国家手工劳作的产业差异。

　　譬如说，在非洲，尽管国家进行了改革，环境有所改善，农业产量相比以往也显著增加，但是他们并没有从辛苦的劳作中获益，相反，他们的所得被国际经济趋势和农产品价格的猛烈下滑所破坏。由此产生的后果是，现在他们要被迫以比从前高出4倍的数额来还贷款。除此之外，在发展中国家，贫穷很大程度上还源于经常发生的资金挪用和盗用，以及土地和其他生产资料的分配严重不均。

　　联合国儿童基金会是为了儿童而设立的机构，不是为国际经济服务的。联合国儿童基金会在全球服务的范围已经超过100个发展中国家。在工作进行当中，我们遇到了很多与国际经济相关的问题。这些问题不会在金融巨头的走廊中看到，不会在债券汇率的数据中有所反映，也不会被列在债务谈判桌上，然而这些问题会写在孩子们的脸庞上。从他们稚嫩的脸上我们可以读到：他们尚在发育的身心正在因贫困而受到伤害。我们知道，人类的大脑和身体的发育基础是在5岁之前奠定的，而且在此之后不会再有第二次弥补的机会。孩子们现在的个人发展以及将来对社会的贡献，都在间接地被当前的经济情况所影响和塑造。也就是说孩子们也正在为此付出

下：索马里，1992年。贝蒂出版社提供照片

上：索马里，1992年。贝蒂出版社提供照片。对于奥黛丽来说，这个索马里失明的小女孩儿象征着一个寂静的灵魂和最终的孤独

下：索马里，1992年。贝蒂出版社提供照片

最昂贵的代价。我们必须直面这样一个事实：世界上数百万的贫穷家庭正在把20世纪80年代蔓延成一个饥荒的年代。

今天，背负无节制的借款所带来的沉重负担的不是军方，不是那些外国银行家，也不是那些透支未来收入过奢侈生活的人，而恰恰是那些连基本的生活必需品都无力购买的穷人，是那些因缺乏必要的食品而无法维持健康的妇女，是那些因营养不良又无条件就医而影响生长发育的婴儿，是那些连接受基本教育的机会都被剥夺了的孩子。当这些影响显示为儿童死亡率上升时，这种行为就可以被理解为违反人性的暴行。因此，这绝对是不应该发生的。目前，基于上述问题，我们形成了这样一个共识，那就是应该减轻发展中国家的债务负担，使得他们有能力偿还，从而让发展中国家的经济能够脱掉沉重债务的外壳，从疲于还债的状态中解脱出来，走上复苏和真正发展的道路。

世界人口增长正在逐渐得到控制，世界各地都有所呈现。如果这个时候，我们能够创造性地利用这个契机，去发现一个新世界并且有勇气去改造这个新世界，使之变为我们所想象的那样美好，那么在未来10年里，我们就很有可能解决掉威胁人类的三大问题：战争、环境恶化和贫困。

当今社会的重大变化还体现在废除奴隶制度、终结殖民地制度、取消种族隔离、对环境问题的关注，以及对妇女权利的承认。这些变化都是从文字上的承诺开始，最终变成了实际行动。20世纪90年代，是应该关注儿童问题的时候了。我们的梦想——召开一次国际儿童首脑会议并且签署一份《儿童权利协定》——一定会实现的。

现在，每天都有4万名儿童失去生命（到2003年这个数字会是3.5万），这样下去，每周就是28万（到2003年是24.5万）。无论是洪水还是地震，任何一种自然灾害都不会夺走这么多孩子的生命。而导致儿童死亡的杀手正是一些悄悄蔓延的疾病，例如骨髓灰质炎、破伤风、结核病、麻疹等。其中最恐怖的是能引起脱水症的痢疾，这种病的成因是饮用不卫生的水和营养不良。这些疾病其实都是可以预防的。给一个儿童进行预防接种的费用只需5美元，防治脱水症只需6美分，每年花费84美分就可以防止一名儿童失明。那么为什么政府宁愿花巨资购置军备，也不愿拿出一部分钱花在儿童身上呢？孩子才是最宝贵的财产，才是未来和平的希望。

我必须承认，在联合国儿童基金会工作，有时我会觉得很受打击。当我静下来想到，有许多事情——例如在一夜之间改变这个世界——我们无论如何也做不到时，或者当我与一些偏执的愤世者——他们认为贫困和痛苦是这些发展中国家人口过剩导致的——交谈时，我常常感到悲哀和失落。我要说的是，解决人口过剩问题，不应该靠让儿童们自己死去，而应该依赖计划生育和生育间隔。通过给予那些穷人健康、教育、房屋、营养和人权等，给予他们更好的生活，从而使人口增长速度降低。然而所有的这些都不是免费的，是需要付出一定代价的，但是这也都是发展中国家可以接受的，我们可以给予这些国家必要的帮助。中国、印度尼西亚、泰国和墨西哥的事实都已经证明了，通过改善公共健康、教育和计划生育等方面的举措，完全可以减缓人口增长速度。

据世界银行预测，20世纪90年代初期将是世界人口增长的转折点，至此人口增长趋势将从增长变为减少。事实上，没有任何一个国家在婴儿死亡率降低之前能够实现出生率的降低。换句话说，每个父母应该生育两个孩子，同时要保证这两个孩子都能存活下来，而不是生育六个子女，只希望其中两个能够存活。这也是联合国儿童基金会致力于对母亲们进行有关如何照料子女的教育的原因。因为，母亲是儿童最好的"保姆"。联合国儿童基金会支持发展中国家一切与妇女的健康、营养、卫生、教育和扫盲等有关的教育计划。

今天，我站在这里，是要为那些没有能力为自己要求什么的孩子说

上：埃塞俄比亚，1988年。约翰·艾萨克拍摄

话：我为因缺乏维生素而失明的儿童、为正在被骨髓灰质炎侵蚀的儿童、为因为缺乏饮用水而日渐衰弱的儿童说话；我为世界上近1亿的流浪儿童说话，他们为了生存被迫离开家园，他们除了勇气、微笑和梦想之外一无所有；我为在战争中受到伤害的儿童说话，他们没有任何敌人，却永远最先受到战火的袭击。今天的战争已经不再仅限于战场上的厮杀，恐怖和屠杀正在向战场外部的各地蔓延。成千上万的儿童沦为难民，他们在暴力恐怖的阴影下长大。摆在联合国儿童基金会面前的所有任务，无论是把几百万阿富汗难民儿童遣返，还是要教会这些只见过死亡的孩子做儿童游戏，都一样空前地艰巨。查理斯·狄更斯说过："在儿童自我存在的小世界里，没有什么比不公正更容易被他们感知和察觉。"我们会通过更多的投入来避免不公平的现象发生，但是面对这样不可避免的悲剧时，我们却常常望而却步。为什么要选择避重就轻的态度来保护儿童？领导人、父母和年轻人——年轻人拥有尚未被岁月模糊掉的纯净心灵——应该铭记自己的童年时代，应该去解救那些生下来就面临沉重负担的儿童。

儿童是我们最宝贵的资源，是我们对未来充满希望的资本。我们应该不仅仅保证儿童能够活下来，还应该努力使他们远离感情、社会舆论和身体上的虐待。只有这样，我们才有可能去设想一个和平、安详的世界。而要使这个设想变为现实，除了靠我们自己，别无选择。

从本质上来说，联合国儿童基金会是一个人道主义组织，而不是一个慈善机构。它的宗旨是解决发展问题，而不是像福利救济那样，只是向伸出求助的手里分发东西。我去了埃塞俄比亚、委内瑞拉、厄瓜多尔、墨西哥和苏丹等国家。在那里，我看到的不是伸出来要东西的手，而是有尊严的沉默，以及对寻求拯救自己机会的渴望。

联合国儿童基金会的职责是保护儿童的权益，让他们远离饥饿、干渴、疾病、虐待和死亡。但是今天，我们还要被迫面对一个更恐怖的威

上：索马里，1992年。贝蒂出版社提供照片。肩负联合国儿童基金会的使命，与罗伯特·沃尔德斯在一起

胁——"人类的非人道"，也就是对环境的破坏。人性最阴暗的一面体现在对天空和海洋造成的污染，对森林的毁坏，使成百上千的动物灭绝。我不敢再接下去想象，难道儿童会成为下一个被摧毁的对象？

为此我们要起来反抗。现在，给儿童注射疫苗，给他们食物和水，仅仅这些已经不足以保护他们了。人类正在破坏自己拥有的最亲密的伙伴以及那些生命赖以生存的一切，包括我们呼吸的空气、生存的土壤还有延续我们生命的下一代。消灭人类自身的这种破坏欲望，是保护儿童乃至保护人类自己的唯一途径。无论是埃塞俄比亚的饥荒，危地马拉和洪都拉斯严重的贫困，还是萨尔瓦多的内战以及苏丹的种族屠杀，都千真万确地证明了一个明显的事实——那些地方都没发生自然灾害，所有的一切都只是人类自己制造的悲剧。而解决这些问题的方法也只有一个，那就是和平。

"苏丹生命线"计划是个非常庞大的工程，要完成需要克服很多困难：苏丹是个幅员辽阔的国家，而基础设施相当匮乏，也没有真正意义上的交通网络和通讯系统。从一定程度上说，即使最后这个行动只达成了预期目标的一半，都可以说是成功了。因为它拯救的不只是几千条生命，而且会给苏丹播撒下希望的种子。联合国将用实践证明，只有和平才能拯救儿童；只有和平才能维系人类生存；只有发展才能让人类的存在变得有尊严、有希望。当我们可以心无愧疚地宣布我们已经履行了人类的职责时，未来才会因我们而精彩。

你的一个"百分之一"践行了百分之百的成就。而我们所有人联合起来就是构筑爱和人道主义的基石。只要我们团结起来，就没有做不到的事。谢谢！

应"百分之一"发展基金的邀请，1989年6月13日，日内瓦

右页：孟加拉国，1989年。约翰·艾萨克拍摄

我突然感受到一种久违的宁静，

能生活在这个拥有800年历史的古老小村，

该是一件多么美好的事情啊。

"永远"到底多少钱?

或许仅仅需要多付出75瑞士法郎。

第 七 章 CHAPTER 7 　　　"永 远"的 价 格

回 家

1992年12月19日，在母亲结束了最后一次手术后，我们准备回瑞士。可医生当时告诉我们这也许不大可能。因为飞机在起飞和降落时，机舱内的气压变化会导致母亲肠内某个多重闭合破裂，从而引发腹膜炎。而如果那样的话，她在一个小时以内便会因血毒症死亡。然而，在我们拜访了她的好友比利·威尔德和吉米·司徒华特之后，还是去了机场。

就要上车的时候，母亲告别康妮。两人都知道是该说再见的时候了，她们也知道应该怎样告别。她们就像不久又能见面一样，吻别。她们站在草坪前，尽管只有一小会儿，却依旧不失从容、优雅。

飞机起飞时非常缓慢，降落时也同样尽量平

缓，以确保机舱内的气压尽可能地以较小的增减量逐渐改变。途中我们必须要在格陵兰岛加油，这使得危险无形中又增加了两倍。当飞机在日内瓦机场跑道上着陆时，母亲轻声说："我们到家了。"我知道，她说这句话意味着什么。这架私人飞机也许是我们平生体验过的最奢侈的东西了。

我们于12月20日抵达瑞士。接下来的几天里，我们全力以赴准备即将到来的圣诞节。一般来说，在瑞士，想在节日期间找一名家庭医生是一件十分困难的事。于是我们找到了贝蒂，她是一位非常优秀的护士，在色达斯-西奈医疗中心（美国一家著名的医学研究中心）工作的时候曾经照顾过母亲。我们请她回来和我们一起度过这个不同寻常的假期。然而这对贝蒂和她的家人来说，却是个艰难的决定。我记得，那时候贝蒂的丈夫来医院看望我们，从他的眼神可以看出他已经决定让贝蒂来这里和我们一起。所以那是我们收到的第一个圣诞礼物：贝蒂一家把属于他们的美好节日时光献给了我们。

每天，我们都小心翼翼地陪母亲在"和平之邸"的花园里散步。"和平之邸"是母亲在她人生的后30年居住的地方。那时，在拍完《龙凤配》之后，我父母就搬到了布尔根施托克。布尔根施托克是一个山顶小村，面对着瑞士的卢塞恩镇，而我就出生在那里。然而卢塞恩镇寒冷的冬季使得他们不久就决定在日内瓦湖畔另寻一个温度适宜的居所。母亲回忆说，当时他们带上三明治，把暖瓶里装满了热茶，坐火车从卢塞恩到洛桑去找房子，就像郊游一样。她说她永远也忘不了第一次看到"和平之邸"的情景。在此之前，她的一位朋友告诉她，说那所房子可能要卖了。于是她让

前右：1993年1月，我们在一起的最后一张照片。几天后，她与世长辞。摄于农庄"和平之邸"花园中。家庭照

前左：二农庄"和平之邸"。"她站在车篷上，眺望美景……透过繁茂的樱花，她几乎看不到那古老的农舍……她说，她感到心慌……她到家了。" 肖恩·费勒（Sean Ferrer）拍摄

车停在那所房子的不远处，她就站在车篷下看着。那时正是春天，这所房子是一栋18世纪的农舍，周围有两亩半面积的果树。放眼望去，她看到满眼的樱花，房子就掩映在红花绿树之后。

她说，看到这座房子，她有一种蝴蝶在身体里飞舞的感觉。她觉得自己又回到了家乡。而我则非常感谢那些在她身体里飞舞的蝴蝶，它们使她对未来充满了美好的期望。

我们家人通常在圣诞节时会举家团聚。今年更是这样，因为这也许就是我们最后一次团聚了。母亲不喜欢别人为她破费，而她自己也不喜欢送别人华而不实的礼物。她通常会挑一些像铅笔、橡皮、信笺这样的小东西。之前有一次我送给她一支带香味的蜡烛和一种有特殊香味的洗发水，她非常喜欢。因为母亲不能进食，只能待在楼上休息，于是我们决定取消圣诞大餐，可我弟弟卢卡坚持要延续节日的传统。母亲也坚持说，她最不喜欢的就是感觉自己成了我们的累赘和负担。

我记得小时候，当我们长到开始上学的年纪时，母亲就不出去工作了。因为在她拍戏期间，我们需要经过长途跋涉才能看到她。而拍一部电影往往要花费两三个月的时间，她认为这样分离的时间太长了。因此她决定暂时息影，专门陪着我们。她说，就算她当时选择继续工作，不过也就是挣更多的钱，而她所拥有的已经足够让我们今后不会有经济上的问题了。她常常说很高兴没有过度挥霍自己的形象，因为当她接受联合国儿童基金会的任职时，公众仍然对她非常有好感。

因此，媒体对她正在做的事以及她在第三世界国家看到的和了解到的都很感兴趣。最令我们着迷的是，她从来不觉得自己是什么特别的人或者理应受到别人关注的人，尽管她一直以来从未失去过外界的关注。我妻子曾经陪她去参加过一次联合国儿童基金会的宴会。回来后，她绘声绘色地说，站在演讲台上的母亲，面对台下几百名商人和女士，看上去就像一片单薄的叶子。这么多年过去了，她还是像第一次上台那样有点儿颤抖。她总是很小心，总想做到最好。从根本上说，她是一个没有安全感的人，这种渴望得到保护的感觉使得看到她的每个人都爱上了她。这难道就是美丽的真谛？就像一只在溪边喝水的小鹿，突然抬起头来，睁着惊恐无助的大眼睛四处张望，那就是美。她并不知道自己的身材有多么苗条纤细，不知道自己的动作有多么优雅。她只是一只小鹿，就像其他小鹿一样。

我们还是像往常一样举行了圣诞聚餐，所有的亲人和朋友都来了，团聚在一起，母亲没有下楼。晚餐后，母亲走下了楼。我们都聚在一起，彼此交换礼物。她没办法出去买礼物，就挑了一些旧礼物送我们：一条围巾、一件毛线衫、一支蜡烛。当时的场景令人很感动，如今无论是那些圣诞礼物还是当时的情景都已经成为我们最珍贵的回忆。然后，她读了一篇曾经在联合国儿童基金会演讲时讲过的短文，是幽默作家兼广播电视名人萨姆·莱文森在他的孙女出生时写给孙女的。大意是，由于他的年纪已经很大了，无法看到孙女长成一位年轻姑娘的那天了，因此需要传授一些智慧给孙女。母亲把这篇短文编辑成为一首诗，并且加了个标题——《永葆美丽的秘诀》。

尽管我们身在瑞士，深居简出，但是母亲患病的消息还是不胫而走。狗仔队又开始出现在我们周围。这就是为什么虽然医生并没有说不能到外面去，可母亲从不踏出家门一步。狗仔队想通过篱笆，偷拍到母亲在花园散步的镜头。他们居然租了架直升飞机，不时从我们房子上空掠过，试图拍到母亲。第一次，他们成功了，我们不得不退回到房子里，为此母亲非常生气。每天在花园里20分钟的散步是她的精神支柱：新鲜的空气、乡村的味道、牛铃声、树叶在微风中摇曳、午后的阳光透过树枝穿过弥漫的薄雾，她喜欢这样的感觉。

有一回，我陪她散步，她指着那些树对我说哪几棵明年应该修剪。

上："和平之邸"和日内瓦湖的景色。肖恩·费勒拍摄

下：农庄"和平之邸"雪景，一个冬天的早晨。家庭照

左页上：空中俯瞰"和平之邸"的景致。每年夏天，村庄都会举办一个小型集市。当地的一家建筑公司为我提供了可以实现空中拍摄的塔吊，这才使我能够拍下这幅照片。肖恩·费勒拍摄

左页下：春天的"和平之邸"。家庭照

"这棵树未来几年应该长得不错，不过那些高大的杉树需要修剪一下，否则冬天的时候那些较长的树枝承受不住雪的重量。"这些树都有上百年历史了，确实需要经常维护。此后的几个月里，我遵从她的建议，尽心尽力地维护这些树木，这让我感到离她是那么的近，就像她依然在这个家中和我们一起生活一样。这个家，对于她来说意味太多了。

晚饭后，我扶她上楼，谈起了康复的话题。我在最后两个月读了许多有关精神康复和生存意志的书。因此我也深深地意识到，对于母亲来说，选择坚强地活下去是一件多么艰难的事情。命运能够击垮她吗？我对此颇为质疑。也许不能。但是原本内心就有悲悯的她，也许因为在联合国儿童基金会工作时的所见所闻而越发加深了内心的苦楚。50年前，她曾经目睹当时的年轻人，她的朋友们，因为反抗德国占领军而被拉到阿纳姆的街头执行死刑。50年后，她同样又目睹了这样的不公平和痛苦，而这种不公平和痛苦就发生在这个曾经发誓不会让悲剧重演的同一个世界上。

我曾经要求她为了我们，为了我们这个家好好活下去。而她说："这很容易。只是我不知道如何把顶端和下层重新连接起来而已。"她的评论多么有深意啊。顶端和下层的隔阂到底有多长？她体内的疾病是不是正是她痛苦内心与残酷现实之间的纠结挣扎在身体上的写照？

1月20日是个普通的日子。由于病情加重，她一直在昏睡。在最后两天里，她每次只能清醒几分钟。在这天之前，麻醉师给她用了吗啡。我问为什么，医生回答说，以她目前的状况，不能确定先前使用的止痛药是否还起作用，吗啡可以保证她不痛苦。

我则几乎是机械地问道："有副作用吗？"他直视着我的眼睛说，这可能再次缩短她的生命24小时左右。

我走进她的房间。我们都知道，母亲就要离开我们了。周围的一切是那样的安静。一束金黄色的阳光温和地照进来。我低头看着她。她依旧是那么平静安详，甚至使我忘记了她是个病人。

我整夜都守着她。半夜时分，她醒了过来，躺在床上，静静地看着远方。我问她想要什么、感觉怎样、有没有什么想说的，我问她想念外婆吗，她没有回答。过会儿，我又问她有没有什么遗憾的。她说："没有，我没有遗憾……我只是不明白为什么有那么多孩子在经受痛苦。"这是她再次睡去前说的最后一句话。

看上去，她只是又在沉睡。可是，突然间我分明感觉到了什么。我知道在那个时刻我应该做什么。我坐在她床边的椅子上，握住她的手，对她说我有多么爱她。还记得就在这张床上，当我还是小男孩儿时在母亲怀里度过的夜晚，那时候我认为这张床就是世界上最安全的地方。而后，我又感到这张床是那么的小，因为没有了母亲，它的意义也就荡然无存了。我告诉她，我知道她是多么爱我们，我也知道现在她不想再延续这样的爱了，我们也不想了。我轻声说，如果她准备好了，就应该离去了。我把她的手放在我的脸上，让她感觉到我泪水的温度。我感觉，她在某个地方还能听到我说话，还能看到我。我亲吻她的脸颊，告诉她，那个小男孩儿将永远陪伴着她。

她曾经谈到过"那些人"。我们并不了解她所说的究竟是什么意思。她说那些人就在那儿等着她。她形容说，"那些人"是些阿门教派的教徒，他们就在田野中静静地等待。当我们想让她进一步解释的时候，她总是温柔地说："你们不会懂的，也许以后你们会懂。"她对另一个世界有着很强烈的感觉，但她并不害怕。我们曾经谈起过她的死，也谈起过我们的恐惧、愤怒和希望。可她告诉我们，不要生气，死亡是很自然的事，是生命自然的一部分。

我站起来，轻抚她的额头，跟她说我出去一下很快就回来。恍惚中，我下楼叫了牧师。第一声振铃后牧师就接电话了。他说听到我的声音很高兴同时又很难过，他说他一直在等我的电话。这位牧师已经80多岁了，33年前就是他给我施的洗礼。生与死都由同一个人来演绎，我感觉我飘浮在现实和天际之间。他说会在4点钟到达。我说了声谢谢。

我穿过村庄来到墓地。冬天凛冽的寒风肆无忌惮地撕扯着我的脸，似乎是在提醒我现在我的生命正在承受怎样的痛苦。母亲曾经告诉过我，因为我和弟弟的缘故，她希望被土葬。她一直遗憾外婆的火葬，以致我们没有一个固定的地点去拜祭她。她曾经提到过朱拉山的静谧景象。朱拉山是我们房子后面的一座不高的山，其中掩藏着的一条山谷里，居住着一群与世隔离的避世主义者。他们唯一的愿望便是拥有他们自己的土地，并且誓死捍卫这种独立，这是一个不为世人了解的巴斯克种族。推门的时候，冰冷的铁门粘住了我的手指。在一片空地后面，一棵可爱的小树紧挨着公墓的墙。尽管彼时还是冬天，可我还是能够想象得出春天枝头开满鲜花的情景。这里是这片缓坡的制高点。环顾四周的景色，我感觉很好。

穿过小村我走回了市政厅。一楼是邮政局，二楼是市政厅的办公室，在它们上方是高高的钟楼。钟楼每个整点都会响一次，我的童年是在钟声的陪伴下度过的。市长是我们的好朋友，我曾经和他的孩子一起上学。他抬起头看着我，显然他早已知道我来这里的原因，他从图书馆中拿出一本古旧的书，我们开始看公墓的平面图。我指了指第63号空地，他说这块地的价格是275瑞士法郎，如果我们购买的话，这块土地将会属于我们500年。我问道："如果要永远拥有，价格是多少？"他回答说："350瑞士法郎。"我突然获得一种宁静，能生活在这个拥有800年历史的古老小村是一件多么美好的事情啊。而"永远"的价格仅仅需要多付出这75瑞士法郎。我们握手告别，我径直走回了家。

她还躺在那儿，没有被移走。我在她身边坐下，给她描述那片土地的景色和那些樱花。我感到她应该是同意了我的决定。这时门口的通话器响了，牧师帕斯托·艾丁戈尔已经到了。我急忙下楼去迎接他，可当我握住他的手时，话却卡在嗓子里说不出来。我们两个默默地走上楼。他站在床的一侧，我们则跪在床边。他口中诵读的语言是那样的美，声音充满了感情，有一种纯净的灵魂历经80年的沧桑岁月而积淀下的成熟。我和我的妻子都在哭泣。太阳破云而出，从窗子照进来。祈祷结束了，我们相互搀扶着轻轻与母亲吻别，然后回到楼下。牧师庄重地坐在椅子上，打开《圣经》。我问他需要点儿什么。他说他已经拥有了所需要的一切。我问他要回家吗，等需要时我会再给他打电话。他说他会一直留在这里，直到该走的时候再走。于是我逐个儿到每个人身边，跟每个人说了那片墓地、那里的景色以及那些樱花，还有永远拥有这块土地的价格。他们都静静地听着。我说完以后，问他们心里是不是感到很宁静。每个人都不置可否。我最后在罗比身边坐下，我问他心里宁静吗，他点点头，说是的。他话音刚落，楼上的通话器就响了。吉奥瓦娜，这个跟随母亲35年的女仆兼朋友，匆忙地说了一句："快来！"我们马上跑上楼梯。

母亲走了。

她神情泰然，微微含笑，嘴略微张开。一滴晶莹的泪珠垂在她的眼角，像钻石一样熠熠闪光。吉奥瓦娜脸色苍白，嘴里不停地重复着："当时我正在清洗水池，她在联合国儿童基金会的朋友兼助理克丽斯塔来了，发现她已经过世了。"我们紧紧地抱着吉奥瓦娜，她的全部世界结束了。35年来，她一直陪伴着母亲，无论是健康时还是在患病中，无论境遇好的时候还是坏的时候。母亲曾经对她说，丈夫有可能来来去去，但是她们俩会长久相伴。我曾听人说，人往往会选择在自己爱的人不在身边的空当死去。所以我想，母亲是孤独的。

三天前，她到花园最后一次散步。回到房里上楼梯的时候，她跟我们说她好累。就在圣诞节前夕，我还跟她说我打算在她的身体稍好些的时候

上、右页：农庄"和平之邸"雪景。家庭照

回美国一趟，是不是应该把我的狗从洛杉矶带来。她说让我给她一个月时间考虑一下。她担心我的那两只狗——一只黑色长耳猎犬，一只Bobie混种狗——会吞掉她的小约克郡狗，她还形象地说"就像吞汉堡一样"。她对狗一直怀有一种很敏感的情绪，有点儿类似于对时尚的敏感。20世纪50年代，当这种约克郡狗还没流行起来时，母亲就已经有过很多只这种狗。有人甚至认为是她引领了约克郡狗的风潮，原因是她在80年代时买了一对这样的小狗。当时，那还是一种新品种的狗，而约克郡这个名字来源于在英格兰驯养过它们的一名乡村牧师的名字。这种狗看起来像是RCA狗的缩小版。后来，约克郡狗很快受到很多人的欢迎和喜爱，变成一种流行。

一个月，难道她知道？她能感知到？是不是所有人在那个时刻将要来临时都很清楚呢？难道是我们在平常的时候都隐藏了这样的智慧，只在即将接近另外一个世界时才会突显这样的智慧？我本来还想一个月后我们就可以知道接下来该怎么做了，可是，这是一种多么有力的拒绝我的方法啊！她甚至都没有坚持到整一个月。

我们中有人为母亲擦掉了那颗泪珠。我抬起手想告诉他不要擦，可那个"不"字卡在喉咙里没有说出来。房间里站满了家人和亲密的朋友。大家要么在哭，要么双手紧握不知道如何是好。我倒觉得像是站在夜晚的高速公路上。我似乎看到她的胸部还在动。身边有人告诉我这是正常现象。在牧师进行完一个简单的额外步骤——涂油礼后，医生们进来了，确认了母亲的去世。

我打电话给父亲。他已经到瑞士了，住得离我们不远。他接到电话后连夜开车赶过来，抱住我，向母亲说再见。他们俩最后一次见面是在我的第一次婚礼上，大约有10年了。我永远也忘不了他走进房间看到母亲躺在床上时的表情。他握着她的手，亲吻她的额头。对他来说，生命里最重要的一章落幕了。

母亲的遗体在房间里停放了三天。1月24日清晨，我们抬着棺木穿过大街、路过小村，去往小教堂。我听说在我们这个只有1200名居民的小村街道上，聚集了2.5万人。但是他们都默默地，没有人喧哗。我记得母亲曾经对我说，她永远忘不了第一次参加联合国儿童基金会的活动——访问索马里营地时的情景。那里的沉默使人觉得像失去了听觉。1.5万名饥饿的男人、女人和孩子，没有一个人说话。我们在意大利生活的时候，曾经开玩笑说，想象一下，如果是1.5万名意大利人处在那种情况下会怎样。

我曾经很努力地想让她笑，这也许是所有因单亲而深感悲哀的孩子都做过的事。我会像个小孩儿一样故意做一些滑稽的动作，或者用某种可笑的口音跟她说话，然后她就会开怀大笑，有时候甚至会笑得前仰后合。她天生具有敏感而又迟钝的幽默感，基本属于冷幽默，即便是在最艰难和危险的环境下，依然如此。记得她还在住院的时候，曾经开玩笑地把来给她问诊的7位医师比作"7个小矮人"。"7个小矮人来过以后，我们将读到某某人的来信，或者给某某人打电话。"她不无轻松地说。

她收到过很多令人感动的来信，其中一封给我留下的印象最深刻。她第一次与派拉蒙签订合同以后，参加了一个电影演员同业协会的午宴。宴会上，他们把母亲的座位安排在重要的位置上，紧挨着马龙·白兰度。待大家都坐定后，她觉得非常害羞。向马龙·白兰度打了个招呼之后，整个宴会期间两人再没说过话。由于母亲和马龙·白兰度的经纪人都是科特·弗林斯，于是她把这件事告诉了科特当时的妻子玛丽。科特几年以前去世了，这对母亲的打击不亚于她的商业经理阿贝·比恩斯托克离开她。他们彼此都永远存在于对方的生命，就像家人一样。

玛丽肯定将母亲的话告诉了马龙，包括宴会上发生的事以及她的感觉。因为后来母亲收到了马龙·白兰度的一封信。在信中，马龙·白兰度诉说了他对母亲是如何的敬畏，他又是如何的不善言辞。40年来，母亲一

上、右页：奥黛丽喜爱的花圃，在农庄"和平之邸"的花园。家庭照

直认为马龙·白兰度是在故意躲避她，然而事实并非如此。他当时只是对母亲肃然起敬，就像母亲对他一样。

她永远无法忘记那些索马里家庭，他们排着队，平静地等待着失不再来的机会。当看到女人怀里抱着死去的孩子时，母亲心如刀绞。她深知目前人们所做的还远远不够，而且即便是能做的也受到各种限制。同时，爱好和平的人们也无力阻止不公平的世界和各类战争的发生，她怎能在夜里安然入睡？她又怎能看着我们在餐桌上、在厨房里嬉闹，享受天伦之乐，从容过生活呢？难道生命从开始就注定了要走向分离吗？为什么联合国儿童基金会的执行官在母亲去世后几个月竟也死于同样的疾病？是不是人类由悲悯而产生的死去的意志，就如同人们想要生存的意志一样强烈？这两者的区别能被人们了解吗？还是因随波逐流，就像山羊跳下悬崖一样？

我们走得很慢，每走一步，棺木的尖锐边缘都会刺痛我们的肩部。我抬头看了看太阳，阳光使我目眩，但是我依然微笑着。在狗仔队用直升机偷拍事件发生后，我找到我们家的一个老朋友，一位瑞士军队的退役上校。我跟他说了直升机偷拍事件对母亲的伤害有多大。并且问他，有没有什么办法可以阻止直升飞机出现在葬礼上空？他静静地听着我的诉说，沉默了一会儿，说他不知道。我向这个一生中从来没向规则屈服的人要他再努力一回。这里不是意大利，也不是法国，在那里，这样的奇迹只要稍稍掺杂点儿政治色彩就会发生。但是这里是瑞士，这样的事情从来没发生过。他虽然也来参加了葬礼，却没有给我答复他是否成功了。不过那天的天空是干净的。后来我才得知，上层——我也不知道是多么高的上层——有命令，上午10点到下午4点之间，整个葬礼区域设为禁飞区。我望着天空微笑着，心里默默地对母亲说，这次我们终于阻止了狗仔队。走过阴霾，沉默的太阳终于露出了笑脸。

仪式简短而温馨。最后发言的是我，我是这么说的：

优秀的教师和作家、著名的幽默演员萨姆·莱文森在他的孙女出生时曾经为她写过这样一首诗，母亲很喜欢。今年圣诞节她最后一次读了这首诗，她还给这首诗命了名。

永葆美丽的秘诀

魅力的双唇，源于亲切友善的语言。

可爱的双眼，源于善于捕捉别人的优点。

苗条的身材，源于乐于将食物与饥饿的人分享。

美丽的秀发，源于每天都有孩子的手指从中穿过。

优雅的姿态，源于习惯与知识同行。

人若要成为真正意义上的人，必须充满精力、自我反省、自我更新、自我成长，而不要向他人抱怨。

请记得，当需要帮助的时候，你就会发现最终帮助你的是你自己的手。

你有两只手，随着岁月的增长，你会发现，一只手是用来帮助自己的，另一只手是用来帮助他人的。

你的"美好往事"就在前方等你，希望你能拥有它们的全部！

母亲最根本的信仰就是爱。她相信爱可以治愈、修理、改进世间一切不美好和不完善，可以使所有的事情变得完美。事实确实如此，她把和平和安宁留给了我们，她走得那样的安详，没有任何痛苦。在最后的几周里，她说起过很多事情，很简单，也很美好。我们永远也不会忘记。有一件事——一件很小的事，可我记忆犹新。那是我们最后一次在花园里散步，我们的园丁吉奥瓦尼向我们走过来，说："西格诺拉，等你身体好了，可要来帮我整理花园啊，修剪树枝，还有，再种点儿新的花草。"

母亲微笑着说："吉奥瓦尼，我会帮助你的……只是不会像以前那样了。"

　　从教堂去墓地的路上，棺木显得越来越沉重。但是我的心反而轻松了。她活着的时候，我们是一家人，她走了，我们仍然在一起。她曾经对我说那个圣诞节是她此生度过的最美好的圣诞节。后来有一天，我伏在她的身边，问她，为什么这样说，她说，因为那天她终于确信，确信我们都是那么的爱她。

　　她快乐而满足地走了，我能看见她在微笑。

"永远"的价格
CHAPTER 7

上：1992年6月，Penny蹲在我母亲浴室的窗台上。家庭照

左页：20世纪90年代早期，她每天用剪下的鲜花充盈整个房子。家庭照

上：当奥黛丽在1969年春夏之交怀上卢卡的时候，医生建议她尽量多在户外活动，所以她画了许多花园里的鲜花。肖恩·费勒拍摄

左页：我母亲在她最喜爱的地方，家中花园里。农庄"和平之邸"，瑞士，1971年。亨利·克拉克拍摄

后页：20世纪60年代早期，采自奥黛丽家花园里的花。家庭照